Dääch!

Wen wundert's, dass Dresden zu den beliebtesten Städtereisezielen in Deutschland zählt? Die Stadt mit dem Beinamen Elbflorenz ist wirklich eine Kulturdiva und mit den vielen Barockbauten und Museen von Weltrang unstritt Sachsens kulturelles Herz. Ich persönlich fahre mindestens ebenso gern nach Leipzig, die aufregend trendige Messestadt mit ihrer bunten alternativen Kunst- und Kulturszene.

SEHNSUCHT NACH SACHSEN

Die Autoren Daniela Schetar-Köthe und Friedrich Köthe haben familiäre Bindungen nach Sachsen, sie haben einige Jahre in Leipzig gelebt. Seither lässt sie die Sehnsucht nach Landschaften, Kunstschätzen, Humor und Sprachmelodie ihrer einstigen Wahlheimat nicht mehr los. Für diesen Bildatlas sprachen sie mit dem Zoodirektor Prof. Jörg Junhold, unter dessen Regie der Leipziger Zoo seit 1997 zu einem der modernsten und innovativsten Tierparks der Welt wurde (S. 82).

LANDSCHAFTEN, BURGEN UND SCHLÖSSER

Der Fotograf Peter Hirth lebt in Leipzig und durchstreift seine Heimat immer wieder auf der Suche nach neuen Blickwinkeln. Besonders hat es ihm die Oberlausitz angetan mit ihrer sorbischen Kultur. Seine Bilder zeigen außer den Stadtschönheiten Dresden und Leipzig auch Sachsens herrliche Landschaften – die bizarren Felsen der Sächsischen Schweiz, das liebliche Vogtland, das Erzgebirge und die vielen imposanten Burgen und Schlösser mit ihren schönen Parks. 723 Schlösser soll es geben, die wird man kaum alle besuchen wollen. Auf S. 110 stellen wir Ihnen in der Rubrik „Unsere Favoriten" die interessantesten vor. Und wir haben auch unsere Favoriten zum Chillen: Schöne Biergärten und Caféterrassen finden Sie auf S. 98.
Herzlich

Ihre

Birgit Borowski
Programmleiterin DuMont Bildatlas

»SACHSEN, SACHSEN! EY! EY! DAS IST STARKER TOBAK.«
Johann Wolfgang von Goethe

Die Festung Königstein im Elbsandsteingebirge ist eine der größten Bergfestungen in Europa. Zu sehen sind lauter Superlative: die älteste erhaltene Kaserne Deutschlands, der tiefste Brunnen Sachsens, die erste sächsische Garnisonskirche und die Nachbildung des legendären Riesenfasses Augusts des Starken.

40
Das Postkartenmotiv der Sächsischen Schweiz: Basteibrücke zwischen Sandsteinfelsen

72

City-Hochhaus und Mendebrunnen auf dem Leipziger Augustusplatz

22

Der klassische Blick auf die Dresdner Altstadt um das Residenzschloss

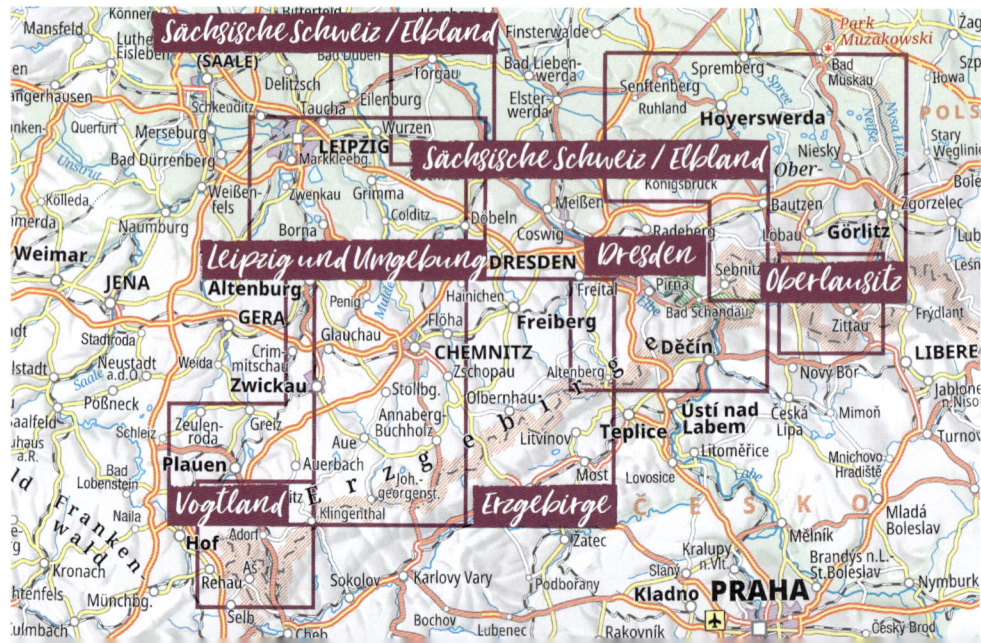

Unsere Favoriten

Weitblick garantiert
Sachsens schönste und idyllischste Aussichtspunkte

Chillen unter Kastanien
Gartenlokale: entspannt, gemütlich und toll gelegen

Pracht und Herrlichkeit
Die faszinierendsten Burgen, Schlösser und Parks

Das Beste erleben

Berührend, aufregend und spannend ...
sind unsere Ideen, die wir für Ihren Aufenthalt
in Sachsen zusammengetragen haben.

Fantastische Kunst

* 1 *

DRESDNER ZWINGER

Kein anderer Bau spiegelt den Wunsch nach
Repräsentation und Selbstdarstellung Augusts des
Starken besser.
Seite 37

* 2 *

DRESDNER FRAUENKIRCHE

Das Wahrzeichen der Elbestadt konnte
dank weltweiter Spenden detailgenau
rekonstruiert werden.
Seite 38

* 3 *

DRESDNER RESIDENZSCHLOSS

An den hier beheimateten
imposanten Museen geht kein Weg vorbei.
Seite 38

* 4 *

MEISSNER DOM

Der großartige, die Stadt überragende
Bau zeichnet sich durch seine herrliche
Ausstattung aus.
Seite 56

Reizvolle Orte

* 5 *

HARTENFELS IN TORGAU

Das Renaissanceschloss mit dem Treppenturm
Wendelstein war eine Hochburg der Reformation.
Seite 57

* 6 *

IN GÖRLITZ' ALTSTADT

Ober- und Untermarkt ermöglichen es, in längst
vergangen geglaubte Zeiten einzutauchen.
Seite 70

Große Erlebnisse

* 7 *

MANUFAKTUR DER TRÄUME

Vielgestaltige erzgebirgische Volkskunst wird in
Annaberg-Buchholz präsentiert.

Seite 101

* 8 *

BERGWERK HIMMELFAHRT

Wo bis heute Bergwerkstudenten
die Praxis kennenlernen, können auch
Freiberg-Besucher die Unterwelt entdecken.

Seite 103

* 9 *

HORCH MUSEUM IN ZWICKAU

Hier reihen sich die Pretiosen des deutschen
Vorkriegs-Automobilbaus.

Seite 114

Berauschende Natur

* 10 *

BASTEIFELSEN

Alle Spielarten des Elbsandsteingebirges auf einen
Blick – Felstürme, Plateaus und tiefe Schluchten.

Seite 55

* 11 *

BAD MUSKAUS GARTENREICH

Natur und doch von Menschenhand.

Seite 69

* 12 *

ZOO LEIPZIG

In den letzten Jahren hat sich dieser Tierpark zum
Spiegel weltweiter Naturräume entwickelt.

Seite 88

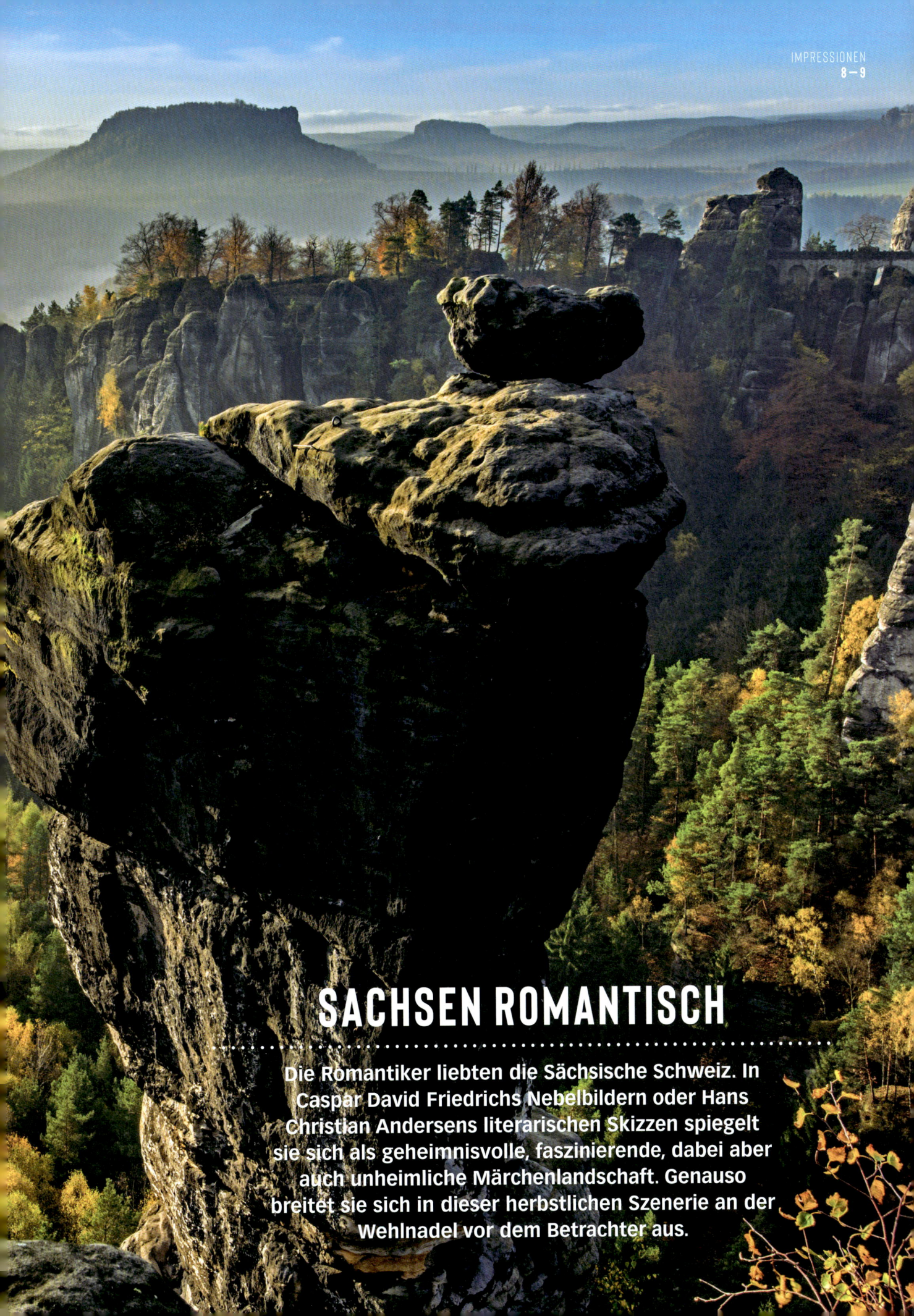

SACHSEN ROMANTISCH

Die Romantiker liebten die Sächsische Schweiz. In Caspar David Friedrichs Nebelbildern oder Hans Christian Andersens literarischen Skizzen spiegelt sie sich als geheimnisvolle, faszinierende, dabei aber auch unheimliche Märchenlandschaft. Genauso breitet sie sich in dieser herbstlichen Szenerie an der Wehlnadel vor dem Betrachter aus.

WITAJĆE K NAM!

Willkommen im Land der Sorben!
Wenn Sorben feiern, sind Trachten und
kräftige Farben überaus wichtig – ganz gleich, ob
als Ostereierschmuck oder in der Kleidung der
Kindertanzgruppe Seidewinkel. Sorbische Feste sind
längst eine der großen touristischen Attraktionen
Sachsens.

NEORENAISSANCESTIL

Die Bau- und Sammelleidenschaft Augusts des Starken ist fast sprichwörtlich. Er überzog das Land mit repräsentativen Schlossbauten. Und der Adel eiferte ihm nach. Das Neue Schloss im Bad Muskauer Park gab allerdings ein niederländischer Prinz in Auftrag, der die in seiner Heimat beliebten Renaissanceformen auch hier wiederfinden wollte.

WEINSELIGER LANDSTRICH

Das Weingut Schloss Wackerbarth steht für einen erfolgreichen Übergang von der staatlich gelenkten DDR-Wirtschaft zum freien, privatwirtschaftlichen Spiel der Kräfte. Um Weine von der bekannt hohen Qualität zu erzeugen, investieren die Winzer im Elbtal viel Geduld und Leidenschaft. Der Erfolg der feinen sächsischen Tropfen gibt ihnen recht.

DRALLEWATSCH

Was bedeutet „drallewatsch"? Etwas erleben,
informiert das sächsische Wörterbuch. Und das tun
Kneipenbummler in Leipzigs so benanntem
Ausgehviertel (Foto) ebenso wie Besucher der
in Sachsen beliebten Kabaretts. Den Genuss
hochkarätiger Klassikkonzerte ermöglichen Sachsens
legendäre Häuser wie Semperoper und Gewandhaus.

MUSEENVIELFALT

Neben den berühmten kurfürstlichen Sammlungen in Dresden weist Sachsen eine erstaunliche Vielfalt unterschiedlichster Museen auf – angefangen bei der Archäologie wie hier im Chemnitzer Museum Smac über Porzellan in Meißen, Spitze in Plauen und Uhren in Glashütte bis hin zum rührigen Karl-May-Museum in Radebeul.

Die idyllischsten Aussichtspunkte

WEITBLICK GARANTIERT

Es gibt viele spannende Ausgucke in Sachsen – etliche sind umgeben von eindrucksvoller Natur, andere als Vogelschauort mitten in der Stadt. Manchmal ist der Blick zum Aussichtspunkt allerdings eindrucksvoller als das Panorama von oben – spektakulär sind die hier genannten Aussichtsbalkone so oder so.

❶ Ein Blick auf Elbflorenz

Das Panorama von der Kuppel der Frauenkirche will erarbeitet werden: Die ersten 24 m überbrückt ein Lift, doch dann geht es in einer Art Spiralgang und über steile Stufen immer höher. Auf 67 m Höhe angekommen, öffnet sich der klassische Elbflorenzblick nach Norden über Kunstakademie und Brühlsche Terrassen auf die Elbe. Im Westen recken Hofkirche und Hausmannsturm ihre dunklen Spitzen in den Himmel. Besonders reizvoll aber ist der Blick direkt hinunter auf den Neumarkt, der aus dieser Höhe wie eine putzige Puppenstube wirkt.

Kuppelaufstieg Frauenkirche, Georg-Treu-Platz 3, Tel. 0351 65 60 60, www. frauenkirche-dresden.de; Juli und Aug. Mo.–Do. 10.00 bis 18.00, Fr. und Sa. 10.00 bis 19.00, So. 12.30–18.00, März–Juni Mo.–Sa. 10.00 bis 18.00, So. 12.30–18.00, Nov. bis Febr. Mo.–Sa. 10.00 bis 16.00, So. 12.30–16.00 Uhr

❷ Spitzenweine und Edelindianer

Rebengrün, gesäumt von Steinterrassen, ein grünes Laubdach, aus dem Giebel und Dächer hervorlugen, und ganz hinten glitzert die Elbe … in Radebeul scheint sich in den letzten 100 Jahren wenig geändert zu haben. Das Panorama vom Bergrücken des „Goldenen Wagens", das historische Postkarten von 1910 zeigen, ist nahezu identisch mit der Szenerie, die heute bewundert wird: Irgendwo da unten ersann Karl May die Lichtgestalt Winnetou und ließ weiße Schurken und rote Gutmenschen aufeinander los. Wahrscheinlich war es ihm einfach zu friedlich.

Goldener Wagen, Oberlößnitz, Radebeul

❸ Der schiefe Turm von Bautzen

Wie mit dem Lineal gezeichnet ordnen sich die Straßen der Bautzener Altstadt zu Füßen des Reichenturms an. Wer nach Westen blickt, sieht Reichen-, Kessel- und Schulstraße wie schmale Kanäle die rostrote Hausdächerlandschaft durchschneiden. Im Dreißigjährigen Krieg wurde die Stadt niedergebrannt, und es dauerte viele Jahre, sie wieder aufzubauen. Der mittelalterliche Reichenturm, zu dessen Plattform in 28 m Höhe 135 Stufen hinaufführen, wurde gar erst im 18. Jh. wieder errichtet – allerdings mit einem kleinen Konstruktionsfehler. Er neigt sich 1,41 m nach Nordwesten!

Reichenturm, Reichenstraße, Bautzen, www. bautzen.de; April–Okt. tgl. 10.00–17.00 Uhr

⑤ Leipzig von oben

Vom City-Hochhaus sieht man kilometerweit über die an den Ring grenzenden Viertel, über den Clara-Zetkin-Park, die Leipziger Auenwälder, die Vororte, bis zu den silbernen Wasserflächen des Neuseenlands und den dampfenden Kühltürmen des Kraftwerks Lippendorf. Am faszinierendsten ist allerdings der Blick direkt nach unten, auf das wohlgeordnete Universum aus Messehöfen und Passagen, das die gesamte Innenstadt wie ein Netz durchzieht.

City-Hochhaus Leipzig, Augustusplatz 9, Leipzig, www.panorama-leipzig.de

④ Der Malerblick

Der Blick vom Ferdinandstein auf die Basteibrücke wurde in Fotografien und Gemälden tausendfach reproduziert. Ob er so unheimlich wirkt, weil viele Künstler der Romantik ihn ebenso malten? Ludwig Richters Vogeltelle zeigt die Felsen wie gen Himmel weisende Riesenhände. Auf Caspar David Friedrichs Felspartie im Elbsandstein-gebirge wabern Nebel zwischen den Felstürmen. Die dunklen Sandsteinskulpturen über dem friedlichen Elbtal können tatsächlich etwas Bedrohliches haben und zugleich Magisches. Nicht einmal die Steinbrücke, die diese wilde Natur zu zähmen sucht, vermag diesen Eindruck zu zerstören.

www.nationalpark-saechsische-schweiz.de

⑥ Gefängnis mit Fernblick

So wie die Festung Königstein auf ihrem Sandsteinplateau über einer Schleife der Elbe thront, kann sie nur errichtet worden sein, um strategisch bedeutende Handels- und Verkehrswege zu schützen. Tatsächlich aber hat die im 13. Jh. gegründete Burg die meiste Zeit, zwischen 1591 bis zum Ende des Zweiten Weltkriegs, als Prominententengefängnis gedient. Bekannte Menschen wie der Anarchist Michail Bakunin und der Dichter Frank Wedekind kamen als Internierte in den zweifelhaften Genuss des herrlichen Weitblicks über die Elbe bis hin zu den Felsen der Bastei.

Festung Königstein, Tel. 03502 1 6 46 07, www. festung-koenigstein.de; April–Okt. tgl. 9.00 bis 18.00, Nov.–März tgl. 9.00 bis 17.00 Uhr

Dresden

*

FÜR IMMER ELBFLORENZ

*

Unglaublich, wie sich die sächsische Metropole an der Elbe verändert hat! Wer in den 1990er-Jahren das letzte Mal hier war, wird Dresden nicht wiedererkennen. Die „Königin" ist wieder da, und mit ihr eine Fülle an Museen.

Dresden ist die deutsche Perle des Barock.

Die monumentale Frauenkirche prägt mit ihrem Barock den Dresdner Neumarkt.

> **»DIE DRESDNER FRAGEN EINEN GAR NICHT, OB EINEM DIE STADT GEFÄLLT. SIE SAGEN ES EINEM.«**
>
> Umberto Eco 1996

Die Frauenkirche rostet!" Die Schlagzeile eines großen Boulevardblatts löste in Dresden einiges Entsetzen aus, hatte man das 91,23 Meter hohe Bauwerk doch mehr oder weniger gerade erst (im Jahr 2005) eingeweiht! Damals leuchtete der – bei Wehlen und Lohmen ein Stück elbaufwärts gebrochene – Postaer Sandstein noch honigfarben in der Sonne. Und dann dieser Schlamassel, die Steine bekamen dunkle Flecken. Die Dresdener müssten sich daran gewöhnen, dass die Kirche jetzt langsam rabenschwarz wird, erläuterte Kirchenbaudirektor Eberhard Burger der Zeitung, denn dieser Sandstein enthalte besonders viel Eisenmineralien, die, vom Regen gelöst, an die Oberfläche dringen. Dort oxidieren sie und überziehen den Sandstein mit einer schwarzen Schicht, die ihn nicht unbedingt schöner macht, ihn aber schützt, weil sie seine Poren verschließt. In 80, 90 Jahren, so Burgers Prognose, wird die Frauenkirche komplett geschwärzt sein.

DER CANALETTO-BLICK

Diesen Prozess und seine Ursachen muss man den Dresdenern wahrscheinlich nicht erklären, sind doch fast alle historischen Bauten im Zentrum aus eben diesem Sandstein und sehen entsprechend „verrostet" aus. Wohl jeder Be-

sucher, der die berühmte Silhouette von „Elbflorenz" das erste Mal sieht, ist insgeheim etwas enttäuscht. Schön ist es schon, das Ensemble aus Stadtschloss, Hofkirche, Zwinger und Brühlscher Terrasse, aber warum nur so düster? Saurer Regen? Abgase? DDR-Hausbrand? Und warum reinigt man die Fassaden dann nicht mit Sandstrahlern? Es geht nicht und würde auch keinen längeren Erfolg zeitigen. Der Stein würde weiterrosten.

Um 1750, als Canaletto seine berühmten Stadtansichten von Dresden malte, leuchtete besagter Sandstein auch honiggelb. Das Augusteische Dresden war damals noch ganz frisch. Tatsächlich war der Turm der Hofkirche, von Canaletto nach Skizzen mit Gerüst dargestellt, noch nicht einmal in Bau. Mit August dem Starken (1670–1733) und seinem Sohn Friedrich August II. (1696–1763) erlebte Dresden sein goldenes Jahrhundert: Zwinger, Hofkirche, Taschenbergpalais, Brühlsche Terrasse und Sommerschlösser in stolzem Hochbarock demonstrierten an der Elbe den absoluten Herrschaftsanspruch der sächsischen Fürsten, die ja zugleich auch Könige von Polen waren. In der Zurschaustellung seiner Machtfülle war August dem Starken übrigens jedes Mittel recht: Der Barockbildhauer Balthasar Permoser bildete ihn auf dem

Die Dresdner Kunstakademie an der Brühlschen Terrasse ist Sitz der Hochschule für Bildende Künste.

Das Kurfürstlich-Sächsische Barockensemble am Theaterplatz; im Hintergrund das Residenzschloss mit den Staatlichen Kunstsammlungen

Zum Chillen im Grünen müssen die Dresdner keine langen Wege zurücklegen, die breiten Elbwiesen bieten reichlich Platz, und den klassischen „Canaletto-Blick" gibt's gratis dazu.

Der Stallhof gehört zum Komplex des Residenzschlosses. Hier fanden einst große Turniere statt.

Das Kronentor des Dresdner Zwingers: Die Zwiebelkuppel dieses Portalpavillons trägt vier polnische Adler und eine Nachbildung der polnischen Königskrone.

Blick auf den Wallpavillon am Abend, das architektonische Zentrum des Zwingers

Theaterpause der Semperoper: Blick über den Theaterplatz mit König-Johann-Denkmal, Hofkirche und Residenzschloss mit Hausmannsturm

Dach des Wallpavillons im Zwinger als einen die Weltkugel stemmenden Herkules ab.

Noch etwas erzählt der berühmte „Canaletto-Blick", der heute übrigens noch bzw. wieder ebenso malerisch ist (wenngleich deutlich nachgedunkelt): Bei allem Drang zur Repräsentation wollte der Kurfürst Friedrich August II. seine Residenz als weltoffene Stadt dargestellt wissen. Canaletto malte aus einer Perspektive, aus der die militärischen Festungsanlagen durch die Augustusbrücke verdeckt waren. Dresden gibt sich nicht defensiv, so die PR-Botschaft des Gemäldes, sondern öffnet sich kosmopolitisch zur Elbe hin.

SÄCHSISCHE MEDICI

1802 erklang der Begriff „Elbflorenz" das erste Mal, angeregt von Gottfried Herder, der sich dabei besonders auf die Kunstsammlungen der Kurfürsten bezog, die aus der Stadt ein „Deutsches Florenz" gemacht hätten. August der Starke, Sohn und Enkel Friedrich August II. und III. hatten die kostbarsten Gemälde, antike Statuen, Preziosen der Goldschmiedekunst und wertvollstes Porzellan zusammengetragen, und Matthäus Pöppelmann errichtete seinem Fürsten dafür das heute „historisch" genannte Grüne Gewölbe. Im Übrigen beschränkte sich die Neigung, sich mit Florenz zu vergleichen, nicht nur auf das Sammeln von

Kunstschätzen. August beschäftigte zunächst auch italienische Arbeiter und Baumeister, die im heute noch sogenannten Italienischen Dorf am Theaterplatz lebten und bei denen Architekten wie Pöppelmann einiges lernten. Auch beim Erwerb von Kunst hatten Italiener Vorrang – daher die vielen Raffaels, Michelangelos und Giorgiones in der Galerie Alter Meister.

Wie alle Sammlungen und das Residenzschloss selbst, wie Zwinger, Semperbau und Albertinum war auch die um 1730 vollendete „Wunderkammer", also die Gewölbe mit des Fürsten ausgestellten Preziosen, im Feuersturm der Bombennächte 1945 untergegangen – die Schätze waren aber vorsorglich auf die Festung Königstein ausgelagert worden. Was vor Ort den Krieg überdauert hatte, wurde in mühevoller Kleinarbeit Stück für Stück neu zusammengesetzt. Am 1. September 2006 konnten die acht Räume des Historischen Grünen Gewölbes wiedereröffnet werden. Bernstein, Elfenbein, Silber und Juwelen betrachten Besucher so wie geladene Gäste des Fürsten im 18. Jahrhundert – ohne trennendes Vitrinenglas. Eines der kostbarsten Ausstattungsdetails sind übrigens die Spiegel – zu jener Zeit absoluter Luxus. 2019 wurden Teile der Sammlung spektakulär geraubt und sind wohl unwiederbringlich verloren.

FEUERSTURM

Drei Tage, 1300 Flugzeuge, 3631 Tonnen Bomben, mindestens 25 000 Tote. Die Briten flogen nachts, die Amerikaner tagsüber. Zwischen dem 13. und dem 15. Februar 1945 trafen Dresden, in dem unzählige Flüchtlinge Schutz gesucht hatten, die heftigsten Luftangriffe des Zweiten Weltkriegs. Warum diese Totalzerstörung kurz vor Kriegsende angeordnet wurde, ist bis heute Thema von Spekulationen. Der Wiederaufbau der Stadt verlief nur stockend. Die größten Lücken im Stadtbild wurden erst in den 2010er-Jahren geschlossen.

Unter den Architekturdenkmälern, die dem Feuersturm zum Opfer fielen,

»WER DAS WEINEN VERLERNT HAT, DER LERNT ES WIEDER BEIM UNTERGANG DRESDENS.«

Gerhart Hauptmann 1945

war die Frauenkirche sicherlich das prominenteste, und sie war auch eines der letzten, die rekonstruiert werden konnten. Wer nach der Wende Dresden besuchte, fand auf dem Neumarkt eine Ruine und einen Haufen Bauschutt vor – mehr war nicht übrig. Diese alten, geschwärzten Steine heben sich heute wie Mahnmale aus der wiedererstandenen

Die alternative Szene trifft sich im Kulturzentrum Scheune in der Äußeren Neustadt (oben). Die von DDR-Architektur geprägte Prager Straße ist eine beliebte Einkaufsstraße; die Plastik „Völkerfreundschaft" von 1986 stammt vom Radebeuler Bildhauer Wolf Eike Kuntsche (Mitte). Der Kunsthof Dresden in der Görlitzer Straße zeigt im Innenhof Fabelwesen (unten). Die Semperoper am Theaterplatz (rechts)

Das Dresdner Residenzschloss beherbergt die Schätze der Staatlichen Kunstsammlungen Dresden mit Grünem Gewölbe, Münzkabinett, Kupferstichkabinett und Rüstkammer mit Türckischer Cammer – hier der überdachte kleine Schlosshof.

Familienbesuch in der Dauerausstellung „Abenteuer Mensch" des Deutschen Hygiene-Museums – ein kulturelles Angebot auch für Kinder (links). Die „Nixe" des symbolistischen deutschen Bildhauers, Malers und Grafikers Max Klinger im Albertinum (rechts)

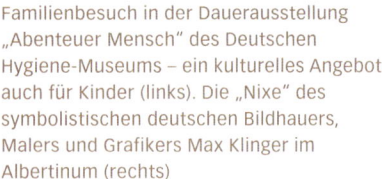

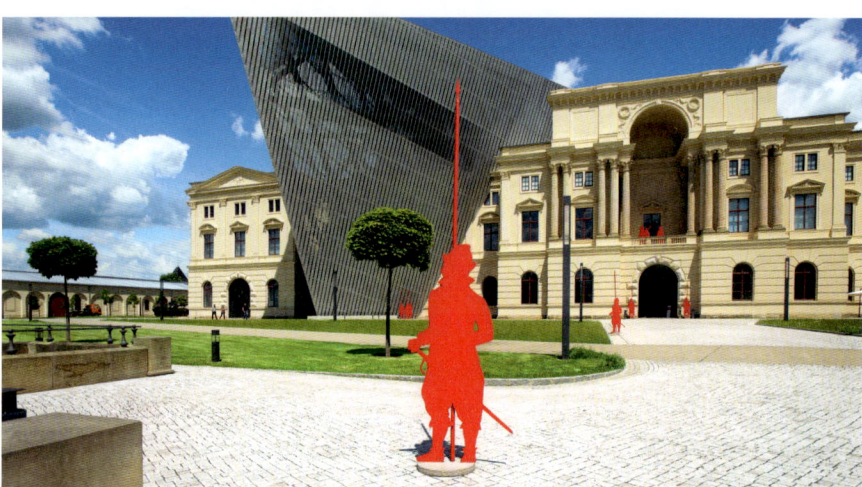

Militärhistorisches Museum der Bundeswehr: Das Arsenalgebäude wurde nach Plänen des US-amerikanischen Architekten Daniel Libeskind zum größten Museum seiner Art in Europa.

Lichthof im Albertinum, das die Skulpturensammlung und die Galerie
Neue Meister der Staatlichen Kunstsammlungen beherbergt

»BLÜHE, DEUTSCHES FLORENZ, MIT DEINEN SCHÄTZEN DER KUNSTWELT!«

Gottfried Herder 1802

Fassade der protestantischen Kirche hervor, über deren Wiederaufbau bereits die DDR nachgedacht hatte – nur gab es dafür keine Mittel. 1990 trat eine Dresdener Bürgerinitiative mit dem „Ruf aus Dresden" an die Öffentlichkeit, der bald auch international Gehör fand. Etwa 100 Millionen Euro und damit 55 Prozent der Baukosten von rund 180 Millionen brachten private Spender auf. Crowdfunding würde man das heute nennen. Elf Jahre dauerte es, das barocke Gotteshaus von George Bähr genauso auferstehen zu lassen, wie der Architekt es 1722 erbaut hatte. Im Jahr 2005 konnte es geweiht werden. Das Kreuz, das bei dieser Zeremonie feierlich auf die Kup-

pel kam, stammt übrigens aus der Werkstatt des Londoner Silberschmieds Grant Macdonald. Sein Vater war einer der Piloten des 13. Februars 1945 gewesen; der Sohn wollte damit Wiedergutmachung leisten.

WIR SIND DAS VOLK

Ein schöner Satz, aber man mag ihn gar nicht nicht mehr hören, seitdem ihn über Jahre so gut wie jeden Montag „Bürger" auf dem Dresdener Theaterplatz plärrten. Immerhin ist die Teilnehmerzahl der über die Zeit immer selteneren Kundgebungen von mehreren Tausend auf einige Hundert und schließlich auf wenige Dutzend gesunken. Aber die tun

Blick von der Bergstation der Schwebebahn Dresden auf die Elbe und den Villenstadtteil Blasewitz mit dem „Blauen Wunder"

es unbeirrt und vor der schönsten Kulisse, die man in Deutschland zum Demonstrieren finden kann – Hetzparolen schreiend, eingerahmt von Stadtschloss, Zwinger, Semperoper, Hofkirche.

Was Pegida so stark machte in Dresden und was die Menschen suchten mit diesen Auftritten, darüber hat der Dresdener Politikwissenschaftler Prof. Hans Vorländer ein interessantes Buch geschrieben. Antrieb sei das Ohnmachtsgefühl dem Staat gegenüber, das viele noch aus ihrer DDR-Zeit kennen; Anliegen sei, von staatlichen Autoritäten gehört zu werden, was im Grunde aber – siehe DDR-Erfahrung – niemand wirklich erwartet. Und auch das Bedürfnis nach Kommunikation und gemeinschaftlichem Erleben treibe die Menschen auf die Straße. Das „Schaffen von Gemeinschaft als Substitut für andere, verloren gegangene Gemeinschaftsformen", die mit der DDR untergingen. Was auch immer Menschen antrieb, dem historischen Dresden „Wir sind das Volk" entgegenzuschreien, sie schadeten nicht unerheblich dem Fremdenverkehr. Hinter vorgehaltener Hand berichteten Tourismusmitarbeiter über Stornierungen aus den USA und anderen Ländern; und in Travellerkreisen hieß es, Dresdener Innenstadthotels steuerten dagegen mit günstigen Sondertarifen für Montage.

Special

Mit Volldampf an der Elbtalkulisse vorbei

Die Raddampfer, die unterhalb der Brühlschen Terrasse anlegen, bilden die älteste Dampfschiffflotte der Welt. 1836 gründeten geschäftstüchtige Dresdener Bürger die Elbdampfschiff-fahrts-Gesellschaft.

Und die hat bis heute überlebt, allen Fährnissen wie Verstaatlichung, Treuhandverwaltung und Hochwasserkatastrophen zum Trotz. Einige der

Die „Leipzig" vor dem „Blauen Wunder"

neun Schaufelraddampfer, die heute zwischen Diesbar-Seußlitz und Bad Schandau die Elbe auf 80 Kilometer befahren, sind schon weit über 100 Jahre alt und haben eine bewegte Geschichte hinter sich. Die 1884 gebaute „PD Diesbar" wird sogar heute noch mit Kohlen befeuert und von der Dampfmaschine einer Vorgängerin von 1841 angetrieben. Elegante, holzgetäfelte Salons und eine feine Gastronomie verstärken die nostalgischen Gefühle, sobald sich das Schaufelrad zu drehen beginnt. Mit zwölf Stundenkilometern gleitet man zwischen Weinhängen dahin und an Elbvillen und -schlössern vorbei, bewundert kühne Brückenkonstruktionen und die Felsnadeln des Elbsandsteingebirges – übrigens auch im Winter! Entspannter kann man sich dieser geschichts- und kulturreichen Region nicht nähern!

Schloss Eckberg, eines der Albrechtsschlösser, im Dresdner
Stadtteil Loschwitz und der Raddampfer „Leipzig"

Versorgungsbegegnung auf der Fahrt von der
Sächsischen Schweiz nach Dresden

Schlossensemble Pillnitz: das Bergpalais inmitten
des barocken Gartens

Moderne Architektur

POTEMKINSCHES ELBFLORENZ

Barock, Barock, Barock – über historische Bauten stolpert man in Dresden auf Schritt und Tritt. Hat sich in Elbflorenz architektonisch denn nichts Neues getan? Schließlich gab es hier genug Brachen, die wieder bebaut werden mussten! Eine Spurensuche.

Lokaltermin am Albertinum. Wir haben eine Tour zu einem etwas ungewöhnlichen Thema gebucht: zeitgenössische Architektur in Dresden. Claus Kemmer, unser Führer, hat uns hierher gebeten, und wir werfen mit ihm einen Blick auf die Rampische Straße. Pastellfarbene Fassaden von Barock bis Klassizismus reihen sich bis zum Neumarkt. Wo ist hier die Moderne?

Was wir sehen, erläutert Kemmer, entstand in den letzten zehn Jahren. Historisierend nach alten Fotografien und Stichen. Das 18. Jahrhundert ist nicht nur in der Rampischen Straße wieder auferstanden, so gut wie überall, wo in der Altstadt gebaut wird, restauriert man das historische Dresden. Mit modernsten Techniken und Materialien, versteht sich. Meist sehen nur noch die Fassaden aus wie anno dazumal – Potemkin lässt grüßen. Doch anders als damals in Russland, verbergen sich hinter den Kulissen modernste Einkaufspassagen oder Design-Hotels wie das „InnSide" in der Salzgasse.

Hat Dresden also Angst vor zeitgenössischer Architektur? Fast könnte der Eindruck entstehen, denn auch die nächste Station auf unserer Tour, das Albertinum, ist weiß Gott kein Hingucker der Moderne. Doch hinter der eleganten Vierflügelanlage im Stil der Neorenaissance verbirgt sich ein kühner architektonischer Entwurf von Volker Staab: Er überspannte den Innenhof des Museums mit einem stählernen Fachwerkdach und setzte diesem einen 60 Meter langen Werk-

statt- und Depotneubau auf, der nun wie eine Brücke über dem Innenhof schwebt. Ein Meisterwerk architektonischen Understatements und zukunftsweisender Museumsarchitektur. So transparent und licht wünscht man sich jedes Museum.

DENKMALSCHUTZ CONTRA MODERNE

Natürlich liegt es nicht an der Zaghaftigkeit der Dresdener Stadtherren, sondern am strengen Denkmalschutz, dass zeitgenössisches Bauen im Altstadtbereich kaum möglich ist. Aber nur kaum ... Ein paar Schritte vom Albertinum durch den Brühlschen Garten, und schon stehen wir vor dem kraftvollen Kubus der Neuen Synagoge. 2001 wurde das nach Plänen von Wandel Hoefer Lorch Architekten erbaute Bethaus eingeweiht. Der fensterlose, wie eine Burg wirkende Würfel steht anstelle der 1938 zerstörten Synagoge, wurde aus Formstein errichtet, der wie Sandstein aussieht – Reverenz sowohl an die Jerusalemer Klagemauer als auch an das traditionelle Dresdner Baumaterial.

Zum nächsten Architekturhighlight der Moderne geht es per Tram Nr. 8 bis zur Stauffenbergallee. Am Umbau des Militärhistorischen Museums hat Großmeister Daniel Libeskind mitgewirkt. Um die Strenge des spätklassizistischen Baus zu brechen, ließ er einen asymmetrischen Keil aus Stahl und Glas aus der Fassade herauswachsen, der sich im Inneren geschossübergreifend fortsetzt. Ein Meisterwerk. Aber ein lautes. Understatement liegt diesem Bau fern.

Architektonische Kontraste an Dresdens Militärhistorischem Museum

Im Militärhistorischem Museum (oben). Neue Synagoge (links)

Weitere Bauten der Moderne

. . . .

Gläserne Manufaktur (Henn Architekten), Lennéstraße 1, www.glaesernemanufaktur.de
ICCD – Internationales Congress Center Dresden (Storch, Ehlers und Partner), Devrientstraße/Ostraufer, www.dresden-congresscenter.de
UFA Kino Kristallpalast (Coop Himmelb(l)au), Petersburger Straße, www.ufa-dresden.de
Kunsthof-Passage (div. Künstler und Architekten), Görlitzer Straße, www.kunsthofpassage.de
Weitere Beispiele auf www.das-neue-dresden.de

STADT AUGUST DES STARKEN

Alle bedeutenden Sehenswürdigkeiten der Barockmetropole an der Elbe versammeln sich auf engstem Raum in der Altstadt. Nehmen Sie sich ausreichend Zeit, diese einzigartige Fülle außerordentlicher Museen zu würdigen. Danach entdecken Sie die Umgebung auf einer Radtour!

● Allgemein

Die sorbische Elbesiedlung Drezdzany tauchte urkundlich 1206 erstmals auf. Nach der Leipziger Teilung des Herrschaftsgebiets der als Markgrafen von Meißen, Landgrafen von Thüringen sowie Herzöge und Kurfürsten von Sachsen bekannten Wettiner avancierte Dresden 1485 zur Residenz der Albertinischen Linie. Kurfürst Moritz (1521–1551) ließ die Stadt repräsentativ ausbauen, den eigentlichen architektonischen Stempel drückten ihr aber im 17. und 18. Jh. August der Starke (1670–1733) und sein Sohn Friedrich August II. (1696–1763) auf – mit Zwinger, Frauenkirche, Hofkirche und Augustusbrücke. Zugleich entstanden Schlösser und Parks an den Elbhängen in der Umgebung. Von den Alliierten im Februar 1945 geflogene Luftangriffe vernichteten das von Künstlern gefeierte „Elbflorenz", die Altstadt lag nahezu komplett in Schutt und Asche. Seit 1951 wird sie wieder aufgebaut; heute sind die meisten kriegsbedingten Lücken geschlossen.

INFORMATION
Dresden Information, QF-Passage, Neumarkt 2 (Besucheranschrift), Prager Straße 2b (Postanschrift), 01069 Dresden, Tel. 0351 50 15 01, www.dresden.de

● Sehenswert

ALTSTADT
Am westl. Rand der Residenzstadt zwischen innerem und äußerem Mauerring wünschte sich August der Starke eine prunkvolle Orangerie. Sein Hofarchitekt Matthäus Daniel Pöppelmann (1662–1736) und der Bildhauer Balthasar Permoser (1651–1732) schufen ab 1710 den repräsentativen Barockbau schlechthin, den ❶ **Zwinger TOPZIEL**. Seinen Hauptzugang bildet das Kronentor im Südwesten, auf dem vier vergoldete polnische Adler die Königskrone halten. Nordw. ist mit dem Wallpavillon ein Meisterwerk der Skulpturenkunst Permosers zu bestaunen. Für die umfangreichen Sammlungen des Kurfürsten legte Pöppelmann die Langgalerie an, in einem Eckpavillon kam der Mathematisch-Physikalische Salon unter. Verborgen hinter den Mauern des Französischen Pavillon, präsentiert das Nymphenbad eine Barockorgie aus Meeresgöttern, Nymphen,

Der Fürstenzug (rechts unten). Blick von der Frauenkirche auf den Neumarkt (rechts oben). Auf dem (Weihnachts-)Striezelmarkt (oben).

Delphinen und rauschendem Wasser. Die zum Theaterplatz offene Nordostseite schloss Gottfried Semper 1847 mit der heutigen Galerie Alter Meister ab.
Mit dem 101 m hohen **Hausmannsturm** besitzt das ❷ **Residenzschloss** eines der markantesten und wahrscheinlich ältesten Gebäude Dresdens – seine Fundamente reichen ins 11. Jh. zurück. Wie das Schloss wurde er nach den Kriegszerstörungen im ursprünglichen Renaissancestil wiederaufgebaut. Der **Georgenbau** am Schlossplatz zeigt sich heute im Gewand der Neorenaissance; durch ihn gelangt man in die Schlossstraße, zum Kleinen Schlosshof (Foyer) und zum Großen Schlosshof mit dreistöckiger Loggia. Die Schlosskapelle mit ihrem einzigartigen, rekonstruierten Schlingenrippengewölbe ist nur bei Führungen (Sa. 15.00 Uhr) zu besichtigen. Über die zu Beginn des 17. Jh. entstandene Englische Treppe betritt man die Museen im Residenzschloss. Die Mauer des **Stallhofes** (Augustusstraße) schmückt das 102 m lange Sgraffito des **Fürstenzuges** (1872–1876, Wilhelm Walther):

35 Herrscher des Hauses Wettin reiten auf Pferden, begleitet von bedeutenden Professoren und Künstlern.
Die **Semperoper** am dem Zwinger benachbarten Theaterplatz errichtete Gottfried Semper 1878 im Stil der Neorenaissance und entwarf auch die Inneneinrichtung. Den Bau der **Hofkirche** schräg gegenüber ordnete Friedrich August II. 1738 als Leuchtturm des katholischen Glaubens an. Gaetano Chiaveri (1689–1770) errichtete das Gotteshaus; 78 Heiligenstatuen von Lorenzo Matielli schmücken die im Mittelschiff 32 m hohe Fassade. Eine ins Rokoko tendierende Kanzel von Permoser und die letzte von dem berühmten Orgelbaumeister Gottfried Silbermann angefertigte Orgel zählen zu den Prunkstücken der Innenausstattung. Eine monumentale Freitreppe führt zur ❸ **Brühlschen Terrasse** hoch. Die 600 m lange Anlage eröffnet einen Postkartenblick auf Elbe und Neustadt gegenüber. Die im Jahr 1894 von

Im Militärhistorischen Museum (links), Pfunds Molkerei (links unten) und August der Starke als Goldener Reiter (unten)

Konstantin Lipsius erbaute **Kunstakademie** schmückt sich mit Glaskuppel und einer goldenen Göttin des Ruhmes. Im ❽ **Albertinum** nebenan residieren die Galerie Neuer Meister und die Skulpturensammlung. Jenseits des Brühlschen Gartens erhebt sich die **Neue Synagoge** anstelle des 1938 zerstörten Bethauses (Führungstermine auf www.hatikva.de). Die nahezu perfekt im Stil des Barock und des Klassizismus wiederaufgebaute Rampische Straße leitet zum ❾ **Neumarkt** mit der Frauenkirche über. Auch dem Neumarkt sieht man es nicht an, dass er noch 2005 nur aus wenigen wiederaufgebauten Häusern und großen Brachflächen bestanden hatte. Heute vermittelt er ein nahezu geschlossenes Bild. Mit dem Wiederaufbau der bei den Bombardements völlig zerstörten **Frauenkirche TOPZIEL** wurde ab 1993 ein Wahrzeichen des historischen Dresden originalgetreu rekonstruiert. 1743 errichtete George Bähr das protestantische Gotteshaus als 95 m hohen, überkuppelten Zentralbau auf dem Grundriss eines griechischen Kreuzes (touristische Besichtigung Mo.–Fr. 9.00–18.00, Sa. 9.00–15.00 Uhr, www.frauenkirche-dresden.de).
Den ⓫ **Großen Garten** südöstlich der Altstadt schätzen die Dresdener als zentrumsnahe grüne Oase, angelegt im 17. Jh. nach Versailler Vorbild.

NEUSTADT
Die rechtselbische Neustadt vereint barockes Erbe, lange Zeit vergessene Gründerzeitzeilen mit Nachkriegs-Plattenbauten. Ihr Entree bildet der ❼ **Goldene Reiter**, ein 1734 fertiggestelltes Denkmal für August den Starken. Von ihm ist es nur ein Katzensprung zum ❹ **Japanischen Palais**, 1717 als Domizil der Porzellansammlung Augusts errichtet. Die zum Albertplatz führende **Hauptstraße** säumen noch einige Bauten aus dem Barock, der auch das von Bomben verschonte und sanierte **Barockviertel** rund um die Königstraße prägt. Hier finden sich heute Kunsthandwerk, Mode-

boutiquen, Cafés und Restaurants. Der mit herrlichen Jungendstilfliesen ausgestattete „schönste Milchladen der Welt", ❻ **Pfunds Molkerei,** liegt dagegen etwas weiter außerhalb (Bautzner Straße 79, www.pfunds.de; Mo. bis Sa. 10.00–18.00 Uhr).

● Museen

Um alle Museen im ❶ **Zwinger** zu besuchen, ist viel Zeit vonnöten. Allein die **Gemäldegalerie Alter Meister** vereint Werke wie Raffaels „Sixtinische Madonna" und Lucas Cranachs „Katharinenaltar". Der von Gottfried Semper entworfene Bau ist die Heimat mehrerer Museen. August der Starke legte mit Keramiken aus Ostasien und frühen Arbeiten der Meissener Porzellanmanufaktur den Grundstock für die **Porzellansammlung,** heute die weltgrößte Porzellanausstellung. Zu einer Reise durch den Kosmos historischer Messinstrumente, Teleskope, Chronometer etc. lädt der **Mathematisch-Physikalische Salon** ein (Theaterplatz 1, www.skd.museum; alle Di.–So. 10.00–18.00 Uhr). Der Besuch der Museen im ❷ **Residenzschloss TOPZIEL** sollte gut geplant werden, denn im **Historischen Grünen Gewölbe** dürfen sich gleichzeitig nur 100 Personen auf-

halten. Die berühmte Schatzkammer August des Starken prunkt mit Exponaten seiner kostbaren Sammlung in barocken Salons vor verspiegelten Wänden. Zahllose weitere Preziosen zeigt auch die Ausstellung **Neues Grünes Gewölbe** in ihren gut ausgeleuchteten Vitrinen. Von Dürer über Baselitz und Rembrandt bis Picasso stammen die Zeichnungen und druckgrafischen Werke im **Kupferstichkabinett** – Werke aus mehr als acht Jahrhunderten. Und die **Rüstkammer** schlägt mit Waffen und Rüstungen einen Bogen vom Okzident zum Orient; die **Türckische Cammer** fasziniert hier mit ihrer Inszenierung orientalischen (Soldaten-)Lebens (Taschenberg 2, www.skd. museum; alle Di.–So. 10.00–18.00 Uhr, empfehlenswert ist die Reservierung eines Zeittickets für das Historische Grüne Gewölbe).
Mit den Malern der Romantik beginnt die Ausstellung der ❽ **Galerie Neuer Meister** im Albertinum, die auch noch Impressionisten, Expressionisten, die KG Brücke und zeitgenössische Künstler versammelt. Ähnlich umfangreich ist im Albertinum die **Skulpturensammlung,** ab dem Jahr 1800 (Tzschirnerplatz 2, www.skd.museum; alle Di.–So. 10.00–18.00 Uhr), in der besonders Auguste Rodin und Max Klinger vertreten sind; die wertvolle **Antikensammlung** und Werke bis zum Jahr 1800 sind im Semperbau im Zwinger untergebracht.
Das ❿ **Deutsche Hygienemuseum** ist für seine didaktisch hervorragend aufbereiteten Themenausstellungen bekannt. Körper und Geist des Menschen werden aus verschiedensten Blickwinkeln beleuchtet (Lingnerplatz 1, www.dhmd.de; Di.–So. 10.00–18.00 Uhr).
Das ❺ **Militärhistorische Museum** will keine Waffenschau zeigen, sondern widmet sich Krieg und Gewalt mit kritischem Blick (Olbrichtplatz 2, www.mhmbundeswehr.de; Mo. 10.00–21.00, Di. und Do.–So. 10.00–18.00 Uhr).
Das Japanische Palais beherbergt die ❹ **Völkerkunde** (Palaisplatz 11, www.skd.museum; Di.–So. 10.00–18.00 Uhr).

● Erleben

Ein Abend in der **Semperoper** verbindet musikalischen mit ästhetischem Genuss (Tickets unter www.semperoper.de oder Tel. 0351 491 17 05). Über Auftritte des berühmten **Dresdner Kreuzchors** in der sich klassizistisch zeigenden **Kreuzkirche** am Altmarkt informiert www.kreuzchor.com.
Eine attraktive Weise, Dresdens benachbarte Flusslandschaft zu erleben, ist eine Fahrt mit der **Weißen Flotte** (s. auch S. 32; Sächsische Dampfschifffahrt, Georg-Treu-Platz 3, Tel. 0351 86 60 90, www.saechsische-dampfschiffahrt.de).

● Hotels & Restaurants

UNTERKUNFT

Das € € € **Kempinski Taschenberg Palais** bietet jeglichen Komfort und einen wunderbaren Blick auf das Altstadtensemble (Taschenberg 3, 01067 Dresden, Tel. 0351 49 12 0, www. kempinski.com). Das € € € **Innside Dresden** ist ein Designhotel samt Sky-Bar mit Blick auf die Frauenkirche (Salzgasse 4, 01067 Dresden, Tel. 0351 79 51 50, www.melia.com). Die Zimmer des € € **Backstage Hotel** in der ehem. Fabrik von Pfunds Molkerei sind individuell gestaltet (Prießnitzstraße 12, 01099 Dresden, Tel. 0351 888 77 77, www.backstage-hotel.de).

RESTAURANTS

Das € € € **Genuss-Atelier** bietet moderne und leichte Küche mit ungeahnten Geschmackserlebnissen (Bautzner Str. 149, Tel. 0351 25 02 83 37, www.genuss-atelier.net). Kaffeetrinken und Speisen inmitten von Antiquitäten – das € € **Café Antik** ist ein ungewöhnliches Café-Restaurant (An der Frauenkirche 5, Tel. 0351 496 52 17, www.cafe-dresden.de). In den gemütlichen Gewölben des Taschenbergpalais regiert sächsische Küche: Im € € **Sophienkeller** serviert historisch gewandetes Personal (Taschenberg 3, Tel. 0351 49 72 60, www.sophienkeller-dresden.de).

● Umgebung

Im Stadtteil Loschwitz (östl. außerhalb des Cityplans, s. Karte S. 54) überspannt seit 1893 das **Blaue Wunder** die Elbe – Wunder, weil es damals eine technische Meisterleistung war, die Brücke ohne Mittelpfeiler über den Fluss zu schlagen. Rund 7 km weiter schmücken **Schloss und Garten Pillnitz** das rechtsseitige Elbufer mit leicht fernöstlich anmutender Architektur. Den bereits im 14. Jh. genannten Herrensitz ließ August der Starke Anfang des 18. Jh. durch Matthäus Daniel Pöppelmann mit Berg- und Wasserpalais, Venustempel und Schlosskirche im asiatischen Stil ausbauen. Ein Teil des Gartens geht auf Gräfin Cosel, die Mätresse des Kurfürsten, zurück, die Pillnitz 1713–1715 bewohnte (August-Böckstiegel-Straße 2, www.schlosspillnitz.de; Park 6.00 Uhr bis Einbruch der Dunkelheit, Palmenhaus April bis Okt. 9.00–18.00, sonst 10.00–16.00 Uhr).

AUF DEM ELBRADWEG DURCH DRESDEN

Sportlich oder auch gemächlich durch Elbflorenz radeln, dabei die schönsten Perspektiven auf barocke Pracht genießen und am Ende im Biergarten einkehren – die entspannte Genießertour entlang der Elbe.

Der Elberadweg von Elbquelle bis -mündung verläuft auch durch Dresdener Stadtgebiet und ist sehr gut ausgebaut. Starten wir am Theaterplatz vor dem Reiterstandbild König Johanns von Sachsen und bewundern das Ensemble aus Semperoper, Zwinger und Hofkirche, bevor wir über das Terrassenufer die Augustusbrücke erreichen. Hier wechseln wir ans rechtsseitige Ufer, radeln durch die Elbauen am Sächsischen Landtag vorbei und genießen den Blick auf die Altstadt gegenüber. Mehr als 150 Rosensorten verströmen ihren Duft im Rosengarten, und ein Stück weiter heißt es erneut die Elbe überqueren – diesmal auf einer Fähre, die auch Fahrräder mitnimmt. Linksseitig geht es weiter nach Osten, vorbei an der Waldschlösschenbrücke, wegen der Dresden seinen

Ziel der Radtour ist das „Blaue Wunder", die Loschwitzer Elbbrücke

UNESCO-Welterbestatus verlor. Dann folgt das Traumpanorama auf Schloss Eckberg, Lingnerschloss und Schloss Albrechtsberg gegenüber!

Voraus kommt schon das Ziel in Sicht, die Loschwitzer Brücke „Blaues Wunder". Zwei Freisitze, „SchillerGarten" und „Elbegarten Demnitz" (s. auch S. 98) versorgen müde Radler mit Speis' und Trank.

Fahrradverleih: nextbike, Verleih nach Registrierung auf www.nextbike.de; Stationen u. a. am Theaterplatz und am „Blauen Wunder"

Start: Theaterplatz **Ziel:** „Blaues Wunder"
Länge: ca. 8 km, mit Fotopausen ca. 1 Std.

Elbfähre: Neustadt – Johannstadt alle 10 Min.

Sächsische Schweiz / Elbland

*

LANDSCHAFTEN WIE GEMÄLDE

*

Die Landschaften des Elbtals haben die Künstler der Romantik begeistert und zu ausgedehnten Malexkursionen inspiriert. Caspar David Friedrichs nach Motiven der Sächsischen Schweiz komponierte Nebelbilder sind weltberühmt, ebenso wie Canalettos Ansichten von Pirna.

Herbststimmung im Nationalpark Sächsische Schweiz: Blick auf die Felsformation Bastei, einst Teil der Felsenburg Neurathen

Von der Bastei ergibt sich ein herrlicher Panoramablick auf die Elbe und den Ort Rathen.

Die Felsen an der Bastei sind beliebt bei Kletterern (Mitte links), für die bei Schmilka auch die Steiganlage „Heilige Stiege" angelegt wurde; sie führt aus dem Heringsgrund zum Reitsteig auf dem Winterberg (links unten).

Seit 1904 verbindet der Personenaufzug Bad Schandau
mit der Ostrauer Scheibe.

Der Tafelberg Lilienstein gilt als Symbol
des Nationalparks Sächsische Schweiz.

**1766 MIT IHREN
ZEICHENBLÖCKEN IM
ELBSANDSTEINGEBIRGE
UNTERWEGS, PRÄGTEN DIE
BEIDEN SCHWEIZER MALER
ANTON GRAFF UND ADRIAN
ZINGG DEN BEGRIFF
SÄCHSISCHE SCHWEIZ.**

Wenn im Herbst Morgennebel die Tafelberge und Türme des Elbsandsteingebirges umhüllen und ihre Gipfel wie auf einem weißen Meer zu schwimmen scheinen – und plötzlich ein Windstoß den Vorhang hebt und die Sonne rotgoldene Buchenwälder aufleuchten lässt, dann ist das die schönste Zeit. Kurz nach Sonnenaufgang sollte man auf dem höchsten Punkt der Häntzschelstiege stehen, die verkrüppelte Riffkiefer in ihrer Felsnische zur Rechten und den Blick auf die elegante Brosinnadel gerichtet, die die Morgensonne vergoldet. Richard Wagner soll aus solchen Erlebnissen die Inspiration für seinen „Lohengrin" gezogen haben, als er 1846 mit Ehefrau Minna im Schäferschen Gut zu Graupa weilte.

EIN DORADO DES FREIEN KLETTERNS

Das Elbsandsteingebirge mit seinen über 1000 von der Erosion geschaffenen Nadeln ist eine für Europa einmalige Landschaftsform. Seit 1990 ist ein Kernstück dieses Gebiets als Nationalpark ausgewiesen, doch da Bauern und Waldarbeiter das Gebirge seit Jahrhunderten intensiv bewirtschaftet haben, blieben Spuren menschlicher Eingriffe überall sichtbar. Mittelalterliche Wehrburgen standen auf Arn-, Hock- und Wildenstein. Kammern und Wehrgang der Felsen-

burg Neurathen sind direkt ins Gestein geschlagen. 1708 haute man in den 415 Meter hohen Lilienstein Stufen für einen Besuch Augusts des Starken. Bereits 1801 gab es einen ersten Wanderführer für die Bastei; 1826 wurde eine hölzerne Basteibrücke errichtet und 1851 durch den heutigen Steinbau ersetzt. Auch Kletterer stellten sich bereits früh der Herausforderung der Sandsteintürme. Das Jahr 1874 gilt als Geburtsstunde des freien Kletterns: Damals erreichten die Bergsteiger Otto Ewald Ufer und Johannes Frick ohne Hilfsmittel die Spitze des markanten Felsenturms Mönch bei Rathen. Weitere berühmte Erstbegehungen gelangen 1899 Friedrich Brosin: Er bestieg die nach ihm benannte Brosinnadel und weitere Türme im Affensteinmassiv.

Frei zu klettern, und nur an einzeln stehenden Türmen – diese Tradition gilt heute noch in der Sächsischen Schweiz, wenngleich die Bergsteiger mit einfachen Sicherungen wie Eisentritten und -griffen die Wege begehbarer gemacht haben. Die Häntzschelstiege ist ein gutes Beispiel: Sie führt steil, teils überhängend und durch mehrere schmale Kamine zur Oberen Affensteinpromenade. Einige Eisengriffe überbrücken besonders exponierte Passagen. Das bewältigen nur erfahrene Kletterer. Die meisten der

Blick von der Festung elbaufwärts
auf den Ort Königstein und den
Fluss

Bereits im 13. Jahrhundert gab es eine Burg auf dem 361 Meter hohen Sandsteinplateau:
Blick auf die Festung Königstein.

Ein Bild wie von Canaletto: Markt von Pirna mit Rathaus, Marienkirche und Schloss Sonnenstein über der Stadt

Westlich von Pirna liegt der bis 1732 entstandene Barockgarten von Großsedlitz: Friedrichschlösschen und Obere Orangerie.

inzwischen über 20 000 Kletterrouten im Elbsandsteingebirge sind folglich nichts für Sonntagswanderer.

IN KLÜFTEN UND AUF PLATEAUS

Dass „massentaugliche" Klettersteige in der Sächsischen Schweiz nicht oder kaum eingerichtet werden, liegt auch am strengen Naturschutz, zu dem der 1990 eingerichtete Nationalpark verpflichtet. Die Landschaft mit ihren Plateaus, Felsnadeln und Schluchten birgt zahlreiche unterschiedliche Biotope – vom Buchen- und Kiefernwald in Tallagen zur Riffkiefer im Fels, von Moos- und farnbestandenen Niederungen zu flechtenüberzogenen Sandsteinplateaus. Ebenso reich ist die Tierwelt mit bedrohten Vertretern wie Fischotter und dem wieder eingewanderten Luchs. Besonders stolz ist die Nationalparkverwaltung, dass die Wiederansiedlung der seit 1972 aus dem Elbsandsteingebirge verschwundenen Wanderfalken gelang. Gegen Projekte, leichte Klettersteige zu bauen und die Landschaft mit Drahtseilen zu verunzieren, laufen nicht nur professionelle Naturschützer, sondern auch Bürgerinitiativen Sturm.

IM TIEFFLUG ÜBER DIE BASTEI

Weniger stürmisch ist der Widerstand gegen Tiefflüge der Bundeswehr über dem Nationalpark. Das aus einfachem Grund: Proteste laufen grundsätzlich ins Leere, denn die Flüge sind rechtens. Wer schon einmal auf der Bastei oder unten am Fuß der Formation im idyllischen Rathen an der Elbe gestanden und erlebt hat, wie zwei Tornados im Tiefflug die mäandernde Elbe entlangdonnern, ist fassungslos. Dieser unglaubliche Lärm soll das Wild nicht ängstigen? Sollte man tatsächlich glauben, die Wanderfalken fänden den regelmäßig, manchmal mehrmals täglich auftretenden und 100 Dezibel lauten Krach ganz normal und brüteten gerne in den Lärmschneisen weiter, solange die Düsenjäger die Mindestflughöhe von 300 Meter einhalten? Doch es gilt gleiches Recht für alle – warum sollten nur Bewohner von nicht touristischen und nicht unter Naturschutz stehenden Regionen durch das Training behelligt werden? Und man kann es ja verstehen: Es ist sicher attraktiver, durchs Elbtal zu fliegen, als über die Leipziger Tieflandbucht.

VON KÖNIGSTEIN NACH MEISSEN

Ein schmales, im Sommer für den Autoverkehr gesperrtes Sträßchen führt von Rathen entlang der Elbe nach Königstein. Trotz der Eisenbahnlinie, die den Fluss begleitet, wirkt die Szenerie ungemein idyllisch: Von Streuobstwiesen eingerahmte Fachwerkhäuschen wechseln mit schroffen Sandsteinwänden, dichter Wald bildet schier undurchdringliche Wände an den Talrändern, und wo diese Wände weichen, bauen sich mächtige Tafelbergformationen auf. Eine davon ist der 360 Meter hohe Königstein, auf dessen Plateau schon die Slawen eine Burg errichteten. Heute begrüßt die bis in die Neuzeit aus- und umgebaute Wehranlage ihre Besucher mit verschiedensten Ausstellungen zur sächsischen Geschichte und zur Festungsbaukunst. Und wenn alles klappt, wird schon bald eine Standseilbahn hinaufführen – ein Herzensprojekt des Bürgermeisters von Königstein.

Lange diente die Festung als Gefängnis, und einer ihrer prominentesten Insassen war Johann Friedrich Böttger, der 1707 das europäische Porzellan erfunden hat. Das allerdings nur als Nebenprodukt, denn seine eigentliche Aufgabe war es, Gold herzustellen. August der Starke ließ den 1682 in Schleiz Geborenen 1701 nach Dresden bringen, nachdem dieser großspurig behauptet hatte, er könne aus Silber Gold machen. Der Kurfürst ließ Böttger ein alchemistisches Labor einrichten und ihn streng bewachen. Dennoch versuchte er immer wieder die Flucht und wurde deshalb 1702 und 1705/1706 für mehrere Monate

Das „Spitzhaus" oberhalb von Radebeul, ursprünglich ein Weinberghaus und 1749 zum barocken Lustschlösschen umgestaltet, ist heute ein renommiertes Restaurant.

auf Königstein inhaftiert. Mit dem Gold kam er nicht recht voran, doch sein „Nebenwerk" – die Suche nach dem Geheimnis der chinesischen Porzellanherstellung – war 1707 von Erfolg gekrönt. Und August der Starke wurde süchtig nach den zerbrechlichen Kunstwerken, wie die Porzellansammlung im Dresdener Zwinger anschaulich belegt.

PORZELLAN UND MODE

Die Laboratorien, in denen Böttger mit selbst entwickelten Instrumenten der Durchbruch in Sachen „Weißes Gold" gelang, befinden sich in der Albrechtsburg in Meißen, wo der Erfinder – nach wie vor als Staatsgefangener – ab 1710 die Königlich-Polnische und Kurfürstlich-Sächsische Porzellanmanufactur aufbaute, in deren Nachfolge die heutige Staatliche Porzellan-Manufaktur Meissen steht. Wie kunstfertig die Arbeiten bereits damals waren, veranschaulichen die historischen Exponate im Museum der Meißener Erlebniswelt. Bereits Böttger zog Künstler bei seinen Entwürfen hinzu; heute holt die Manufaktur Profi-Designer wie Kuball & Kempe, denen sie das erfolgreiche, knallbunte Ming-Drachen-Service verdankt – eine augenzwinkernde Reverenz an die chinesischen Urväter des Porzellans, modern und zugleich traditionsbewusst.

Special

Weinland Sachsen

Meißenwein

Mit 450 Hektar gilt das sächsische Weinbaugebiet als eines der kleinsten und, da sich alle Rebflächen nördlich des 51. Breitengrades befinden, als das nördlichste Deutschlands.

Es erstreckt sich von Diesbar-Seußlitz über Meißen und Radebeul bis an die westliche Stadtgrenze Dresdens und schließt auch einige Reben um Pirna sowie den Königlichen Weinberg am Schloss Pillnitz ein. 17 Einzellagen und steile Terrassen sind die Charakteristika des sächsischen Weinanbaus, der auf über 800 Jahre Tradition zurückblickt. Organisatorisch und territorial geprägt haben ihn aber die DDR-Jahre. Denn obwohl es viele Hobby-Winzer gab, oblagen Keltern und Vermarkten zwei Genossenschaften: der Sächsischen Winzergenossenschaft Meißen und der VEG Weinbau Radebeul. Letztere ging nach der Wiedervereinigung im Staatsweingut Schloss Wackerbarth auf, das mit 90 Hektar Rebfläche ein Fünftel der sächsischen Lagen, darunter besonders feine wie der „Goldene Wagen", der „Steinrücken" und der „Johannisberg", bewirtschaftet.

Einige wenige Winzer haben es geschafft, neben dem Staatsweingut zu bestehen, und angesichts ihrer Weinphilosophie könnte man sie gut zu den Jungen Wilden zählen: Matthias Schuh beispielsweise, der die elterliche Kellerei, die vor allem für ihren Goldriesling, Elbling, Kerner und Weißburgunder berühmt ist, nach und nach auf Öko-Weinbau umstellt. Oder Klaus Zimmerling, der seit 1992 den Königlichen Weinberg oberhalb von Pillnitz mit Riesling und Burgunder bewirtschaftet und seine Weine in schlichte Halbliterflaschen abfüllt, weil wegen all der Sorgfalt nur wenig Ertrag herauskommt. Dafür sind es Spitzentropfen, wie selbst der renommierte Gastronomieführer Gault-Millau urteilt.

Pfingstausflug ins Dixieland auf Schloss Wackerbarth lautet hier die Devise.

Als exklusives Hobby betreibt Winzer Christian Donath sein Pillnitzer Weingut. 700 bis 1000 Flaschen vermarktet er pro Jahr.

Weit geht der Blick vom Turm der Meißener Frauenkirche: hinter dem Dächermeer die Albrechtsburg und der Dom.

Schloss Moritzburg (links) lohnt zu jeder Jahreszeit einen Besuch. Durch den Schlosspark (Mitte) gelangt man zum Fasanenschlösschen (oben), das Friedrich August II. zeitweilig als Sommerwohnsitz nutzte.
Ein Auftritt Augusts des Starken gehört zur alljährlichen Hengstparade im September, ein gesellschaftlich-sportliches Ereignis mit Dressur- und Fahrvorführungen (unten).

DEUTSCHER SEIN, HEISST INDIANER SEIN

Das Zitat stammt nicht vom Reiseschriftsteller Karl May, sondern von dem Dramatiker Heiner Müller, aber es könnte als Motto über Mays Werk oder über dem Eingang seiner Villa Shatterhand in Radebeul hängen, die man durch ein mit Western-Blockhaus und Marterpfahl geschmücktes Gärtchen betritt.

Von 1896 bis zu seinem Tod 1912 hatte der 1842 im sächsischen Ernstthal Geborene in der Villa als erfolgreicher, aber auch viel geschmähter Autor der Winnetou-Trilogie, abenteuerlicher Orient-Romane und herzschmerzender Soldatengeschichten gelebt. Ob bei May die Grenzen zwischen Fiktion und Realität tatsächlich verschwammen, wie manche Kritiker vermuten? In seiner Bibliothek stapeln sich geografische Werke und zeitgenössische Reiseberichte, die er für die Ausschmückung von Landschaften und Figuren in seinen Büchern nutzte, da er sie selbst nie gesehen hatte. Das Museum zeigt auch Bärentöter und

KARL MAY, EINER DER MEISTGELESENEN SCHRIFTSTELLER DER WELT, WURDE IN 46 SPRACHEN ÜBERSETZT.

Henrystutzen, die beiden legendären Schusswaffen Old Shatterhands, die May nach genauen Vorgaben von einem Büchsenmacher in Altkötzschenbroda anfertigen ließ und als Beweis dafür präsentierte, selbst Old Shatterhand zu sein.

Erst im Alter ging May auf Reisen in den Orient und nach Nordamerika. Immerhin hat er mit seinen Fiktionen Generationen von Lesern für Indianer begeistert und ein geradezu germanisches Bild von den Apatschen geprägt. Und die Welt verdankt ihm eine verwirrende Erkenntnis, die er im Vorwort zu Winnetou I formulierte: „Immer fällt mir, wenn ich an Indianer denke, der Türke ein."

Protestantismus

DIE AMME DER REFORMATION

500 Jahre Reformation – damit verbindet man gemeinhin Thesenanschlag und Wittenberg, die Lutherstadt in Sachsen-Anhalt. Dass auch das sächsische Elbstädtchen Torgau eine herausragende Rolle bei der Durchsetzung der Reformation spielte, ist weniger bekannt. Martin Luthers Wirken wurde von den Ernstinischen Wettinern auf Schloss Hartenfels politisch nachdrücklich gefördert.

Lutherin-Porträt in der Katharina-Luther-Stube und die Torgauerin Silvia Meinel als Stadtführerin Katharina von Bora

Torgaus Bauten übertreffen in ihrer Schönheit alles aus der Antike, selbst der Tempel des Königs Salomo war nur aus Holz." – So oder so ähnlich soll Martin Luther die Stadt seiner Förderer gepriesen haben. Der auf Schloss Hartenfels geborene sächsische Kurfürst Friedrich der Weise (1463–1525), selbst frommer Katholik, hielt seine Hand über den 1521 unter Kirchenbann gestellten Reformator und brachte Luther zum Schutz vor Kaiser und Papst auf der Wartburg unter. Dessen Bruder und Nachfolger Johann der Beständige (1468–1532) vertrat die Sache der Reformation zusammen mit Luthers Mitstreiter Philipp Melanchthon auf dem Augsburger Reichstag. Und Johann Friedrich der Großmütige (1503–1554) erließ in Torgau das Schutzedikt für den Druck der Lutherbibel in Wittenberg. Von Wittenberg ging mit dem Thesenanschlag die Initialzündung der Refor-

mation aus, von Torgau aus wurde sie politisch durchgesetzt. Das Thema einer der vier Landesausstellungen zum Reformationsjubiläum in Torgau stand nicht zufällig unter dem Motto „Luther und die Fürsten".

ERSTER EVANGELISCHER KIRCHENBAU

Besondere symbolische Bedeutung kommt dabei der Schlosskirche auf Burg Hartenfels zu, die Martin Luther am 5. Oktober 1544 mit einem feierlichen Gottesdienst weihte und dabei in seiner Predigt Wesen und Sinn des

evangelischen Gottesdienstes beschrieb: „Es soll dies Haus dahin gerichtet sein, das nicht anderes darin geschehe, denn dass unser lieber Herr selbst mit uns rede durch sein heiliges Wort, und wir wiederum mit ihm reden durch Gebet und Lobgesang." Die Schlosskirche war das erste Gotteshaus, dessen Gestaltung diesen Ansprüchen genügte: hell, schlicht und schmucklos.

Zwei Elemente darin sind von besonderer Bedeutung: Die Kanzel in der Mitte der Kirche rückt die Predigt damit ins Zentrum des Gottesdiens-

Am Torgauer Rathaus steht seit 2000 der Marktbrunnen „Narren und Musikanten" von Erika Harbort aus Glauchau; er soll „Kunst zum Anfassen" repräsentieren (links). Der Große Wendelstein auf Schloss Hartenfels ist eine freitragende spiralförmige Wendeltreppe (rechts), die in beeindruckender Farbenpracht erlebbar ist.

tes. Und über dem schlichten Altar – kaum mehr als ein Tisch – hängt eine Orgel und betont die Bedeutung der Musik für den Kult. Torgaus Schlosskirche war allen späteren evangelischen Kirchenbauten Vorbild.

REFORMATIONS-MARKETING

Zum Reformationsjubiläum klopfte man zahlreiche historische Stätten in Sachsen auf ihre „Luther-Tauglichkeit" ab: Hier hatte der Reformator visitiert, jenen Übergang über die Mulde häufig genutzt, in dieser Kirche predigte sein engster Freund, auf jenem Gut hat Katharina von

LUTHER NANNTE SEINE FRAU GERN HERR KÄTHE – WAS IHRE BEDEUTUNG UND IHRE DURCHSETZUNGSKRAFT SPIEGELT.

Dieses Wappen schmückt das Portal des Renaissanceschlosses Hartenfels (oben). Das Grabmal Katharina von Boras, der Ehefrau Luthers, in der Torgauer Stadtkirche St. Marien (unten)

Bora Spuren hinterlassen. All diese Orte verbindet ein 550 Kilometer langer Lutherweg, der sich im angrenzenden Sachsen-Anhalt und in Thüringen fortsetzt. Er passiert und verbindet bedeutende Stationen im Leben des Reformators, so Leipzig, wo sich Luther 1519 zur Leipziger Disputation mit seinem katholischen Gegenspieler Johannes Eck traf, oder das Kloster Nimbschen, aus dem Ka-

Lutherstätten in Torgau

. . . .

Schlosskirche auf Schloss Hartenfels; tgl. 10.00–18.00 Uhr
Katharina-Luther-Stube, Katharinenstraße 11; April–Okt.
Di.–So. 10.00–18.00 Uhr
Stadt- und Kulturgeschichtliches Museum (ehem. Kurfürstliche Kanzlei), Wintergrüne 5; Di.–So. 10.00–17.00 Uhr
Stadtkirche St. Marien; im Winter geschl.

tharina von Bora, die spätere „Lutherin", 1523 mit Hilfe des Torgauer Ratsherrn Leonhard Koppe floh. Und natürlich auch Torgau, die „Amme der Reformation", wie sich die Renaissancestadt an der Elbe gern nennt.

AMME KONTRA QUELLE

Sie konkurriert mit diesem Attribut recht selbstbewusst mit dem anhaltinischen Wittenberg, der „Quelle der Reformation" und dem Mittelpunkt des Reformationsjubiläums 2017. Dort verbrachte Luther den größten Teil seines Lebens, und dort hämmerte er 1517 seine 95 Thesen an das Portal der Schlosskirche.

Doch auch Torgau soll Luther mindestens 40 Mal besucht haben. Und 1521 hielt er hier die erste evangelische Predigt. 1528 erarbeitete er in Torgaus Alter Superintendantur den „Torgauer Visitationsartikel", um die Rechtgläubigkeit von Kirchen- und universitären Mitarbeitern zu überprüfen; 1530 verfasste er zusammen mit Justus Jonas, Philipp Melanchthon und Johannes Bugenhagen die „Torgauer Artikel", die die „Augsburger Konfession" vorbereiteten, das Bekenntnis der lutherischen Entscheider im Reich zu ihrem Glauben. Ohne Torgau und seine Fürsten wäre die Reformation womöglich im Ansatz stecken geblieben.

ENERGISCHER HERR KÄTHE

Vielleicht auch ohne die Unterstützung und Energie von Luthers Frau Katharina von Bora. Die Ehe zwischen dem ehemaligen Augustinermönch und der aus dem Kloster geflohenen Zisterziensernonne wurde 1525 geschlossen. Nach Luthers Tod 1546 lebte Katharina von Bora, die der Reformator in seinen Briefen gerne als Herr Käthe angesprochen hatte, mit den Kindern in Wittenberg. 1552 verunglückte die Lutherin auf der Flucht vor der Pest unweit von Torgau schwer – sie brach sich einen Beckenknochen – und starb am 20. Dezember 1552 in der heute zum Museum hergerichteten Katharina-Luther-Stube in der Torgauer Katharinenstraße. Ihr Epitaph, das eine energische, selbstbewusste Frau zeigt, befindet sich in St. Marien (nördliches Nebenchor).

Für das Reformations-
jubiläum wurden Teile
von Schloss Hartenfels
aufwendig restauriert,
insbesondere die ehe-
maligen kurfürstlichen
Gemächer.

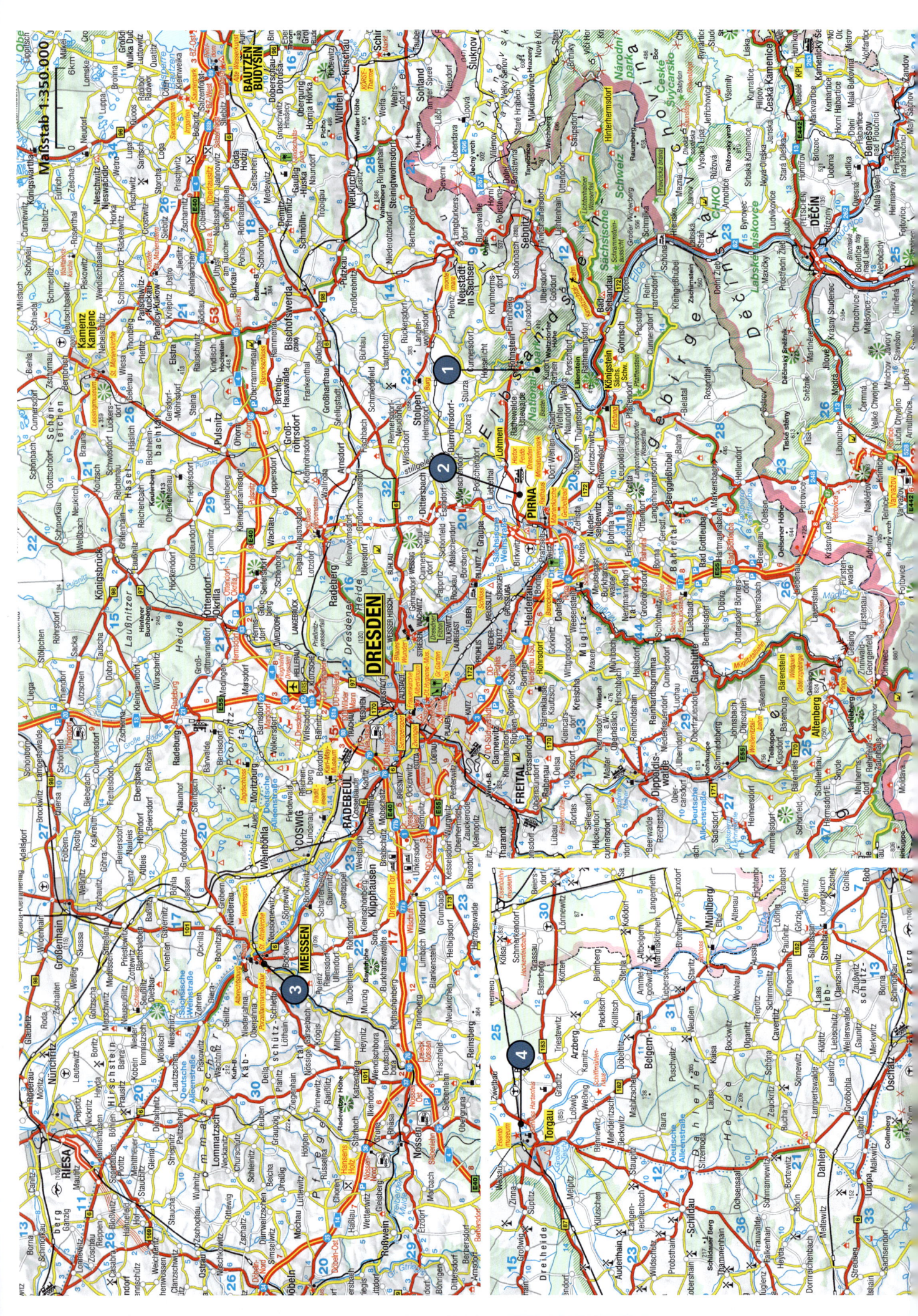

SCHLÖSSER, WEIN UND BERGE

Die Elbe durchquert zwischen tschechischer Grenze und Torgau unterschiedlichste Landschaften. Der Abschnitt westlich von Dresden präsentiert sich von sanften Weinbergen eingerahmt, östlich der sächsischen Hauptstadt windet sich der Fluss durch bizarre Tafelberge und Felssäulen des Elbsandsteingebirges. Und dazwischen verzaubern Schlösser, und feste Wehranlagen krönen nahezu alle strategisch bedeutenden Punkte.

❶ Rathen

Der beiderseits der Elbe liegende Kurort Rathen (350 Einw.) entwickelte sich mit dem Ausbau von Bahn- und Schifffahrt im 19. Jh. vom Fischerdorf zum touristischen Anziehungspunkt des Elbsandsteingebirges. Dieser 360 km² große und bis zu 723 m hohe Bergzug begleitet die Elbe zwischen Pirna und der Grenze zu Tschechien und präsentiert bei Rathen im Gebiet der Bastei seine bizarrsten Verwitterungsformen. Regen und Wind haben den in der Kreidezeit im Meer abgelagerten Sandstein hier zu einem Labyrinth von Felstürmen, Schluchten und Plateaus geformt. 93 km² stehen als Nationalpark Sächsische Schweiz unter Naturschutz. Flora wie Fauna sind besonders artenreich, seit einigen Jahren sind sogar wieder Luchse eingewandert.

SEHENSWERT

Schon seit 1936 besteht die **Felsenbühne Rathen** – ein von der Natur geformtes Freilufttheater mit 2000 Plätzen. Felstürme, Plateaus und Schluchten der **Bastei TOPZIEL** bilden oberhalb des Ortes ein Labyrinth, von dessen höchsten Punkten sich immer neue Ausblicke ins Elbtal eröffnen. Aus dem 13. Jh. stammt die **Felsenburg Neurathen,** ein weiterer Aussichtspunkt.

UMGEBUNG

Auch der Kurort **Bad Schandau** mit seinem hübschen, von Renaissance- und Barockbauten gesäumten Markt empfiehlt sich als Standort für Ausflüge ins Elbsandsteingebirge. Die Fahrt mit der solarstrombetriebenen Straßenbahn durchs idyllische Kirnitzschtal endet am Lichtenhainer Wasserfall, von dem aus Felsattraktionen wie der „Kuhstall" oder die „Himmelsleiter" zu Fuß erreichbar sind.
Weithin sichtbar thront die **Festung Königstein** auf ihrem 360 m hohen Tafelberg. Als böhmische Königsburg um 1200 gegründet, fiel sie 1459 an Meißen und wurde ab dem auslaufenden 16. Jh. kontinuierlich ausgebaut. Damals erhielt die Feste ihren 150 m tiefen Brunnen, das Garnisonshaus und das Zeughaus. Heute nimmt die Anlage eine Fläche von 9,5 ha ein, eine 1700 m lange und bis zu 42 m hohe Mauer schützt sie nach außen – und innen. Lange Jahre musste sie nämlich als Gefängnis dienen. Dauerausstellungen zum Festungsbau sowie wechselnde Sonderschauen erwecken die Geschichte der Wehranlage zum Leben (www.festung-koenigstein. de; Festung tgl. April–Okt. 9.00–18.00, sonst 9.00–17.00 Uhr, Ausstellungen s. Webseite).

ERLEBEN

Das Programm der **Felsenbühne Rathen** findet sich auf www.landesbuehnen-sachsen. de. Hinweise und Tipps zu **Wanderungen** geben www.saechsische-schweiz.de und www.wandern-saechsische-schweiz.de.

HOTELS UND RESTAURANTS

Direkt an der Elbe gelegen, besitzt das € € **Manufaktur Hotel** schicke Zimmer und ein gutes Restaurant mit regionaler Küche (Nudelgässchen/Markt 9, 01829 Stadt Wehlen, Tel. 035024 79 11 0, www.manufakturhotel.de). Aussichtsreicher als im € € **Berghotel Bastei** auf dem Basteiplateau kann man nicht übernachten und speisen (01847 Lohmen/Bastei, Tel. 035024 77 90, www.bastei-berghotel.de). Moderne und Tradition harmonieren im € € **Parkhotel Bad Schandau** (Rudolf-Sendig-Straße 12, 01814 Bad Schandau, Tel. 035022 520, www.pura-hotels. de). Bio-Küche von zumeist regionalen Erzeugern bereitet das € € **StrandGut** (Schmilka 11, Bad Schandau, Tel. 0350 229 22 30, www.bio-restaurant-strandgut.de).

INFORMATION

Tourist- und Nationalparkinformation, Füllhölzelweg 1, 01824 Rathen, Tel. 035024 7 04 22, www.saechsische-schweiz.de

❷ Pirna

Als Ausgangspunkt für Ausflüge in die Sächsische Schweiz, aber auch wegen seiner malerischen Altstadt ist das 1233 erstmals genannte Städtchen (39 000 Einw.) einen Besuch wert.

SEHENSWERT

Rund um den **Marktplatz** erinnern historische Bauten wie das 1485 errichtete Renaissance-

Blick von der Wehlnadel bei Rathen auf die Felsenburg Neurathen und die Bastei (links). Eine Gierseilfähre verbindet die Rathener Ortsteile beiderseits der Elbe (rechts).

Rathaus, das Haus der Stadtapotheke Zum Löwen und der Weiße Schwan an eine goldene Ära. Zu Beginn des 16. Jh. entstand **St. Marien,** deren Innenraum wie von einem Netz überzogen scheint – so fein und bewegt sind die Gewölberippen gearbeitet.

Im **DDR Museum Pirna** finden Ostalgiker DDR-Reminiszenzen vom MZ-Motorrad bis zum nachgebauten Klassenzimmer (Rottwerndorfer Straße 45 M, www.ddr-museum-pirna. de; April–Okt. Di.–So. 10.00–18.00, Nov.–März Di.–Do., Sa. und So. 10.00–17.00 Uhr).

RESTAURANTS

Kreativküche mit sächsischem Fundament bringt das € € € **Felsenbirne** auf den Tisch (Lange Straße 34, Tel. 03501 75 99 791, www.felsenbir ne-restaurant.de), modern interpretierte sächsische Küche in historischen Gewölben die € € **Ratsherrenstuben** (Badergasse 1, Tel. 03501 44 50 60, www.ratsherrenstuben-pirna.de).

UMGEBUNG

Rund 10 km südw. verbirgt sich **Schloss Weesenstein** (überw. 16. Jh.) im idyllischen Müglitztal. Eine erste gotische Feste auf der Spitze des Felssporns breitete sich immer weiter bergabwärts aus, sodass die ältesten Teile ganz oben, die jüngsten unten zu finden sind. Der sorgfältig gestaltete französische Garten lädt zu Spaziergängen ein (www. schloss-weesenstein.de, April–Okt. tgl. 9.00 bis 18.00, Febr., März, Nov. und Dez. Di.–So. 10.00 bis 17.00, Jan. Sa. und So. 10.00–17.00 Uhr).

Tipp

Zu Gast bei August dem Starken

Früher dienten die Teichhäuser von Schloss Moritzburg als Gondel- und Wachhäuschen. Sie stehen direkt am See und werden im Sommerhalbjahr vermietet. Je nach Größe sind darin hübsch möblierte € € Ein- oder Zweizimmerapartments untergebracht. Wenn die letzten Besucher gegangen sind, gehören Schlossinsel und Park dem Gast alleine.

INFORMATION
Auskünfte und Buchungen auf www.schloss-moritzburg.de/de/ ferienwohnungen

Albrechtsburg und Meißener Dom (links). Weinfest in Radebeul-Altkoetzschenbroda (rechts oben). Meissener Porzellan (rechts unten)

INFORMATION
TouristService Pirna, Am Markt 7, 01796 Pirna, Tel. 03501 55 64 46, www.pirna.de

③ Meißen

Einzigartige Kunstschätze auf dem Burgberg und kostbares Porzellan laden zu einem Besuch in Meißen (28 000 Einw.), dessen Geschichte ins 10. Jh. zurückreicht. Vom 12. bis zum 16. Jh. ließen die Wettiner die Siedlung an der Elbe mit gotischem Dom und Albrechtsburg prächtig ausbauen. 1710 zog die frisch gegründete Porzellanmanufaktur auf die Burg.

SEHENSWERT

Die Roten Stufen führen von der Altstadt auf den **Burgberg** mit der **Albrechtsburg,** an deren Errichtung 1471–1500 der Baumeister Arnold von Westfalen maßgeblich beteiligt war; der Treppenturm Großer Wendelstein zählt zu den herausragenden Merkmalen der Feste, die heute als Museum dient. Um 1260 begannen die Arbeiten am **Dom** TOPZIEL; Arnold von Westfalen vollendete das Gotteshaus mit den markanten Doppeltürmen Ende des 15. Jh. Der Hohe Chor birgt einzigartige Skulpturen aus der Werkstatt des Naumburger Meisters (13. Jh.). Außergewöhnlich sind auch der vollständig erhaltene Lettner (Altarschranke) und das herrliche Westportal, das 1425 durch den Anbau einer Begräbniskapelle zum Innenportal wurde (www.dom-zu-meissen.de; Mai–Okt. tgl. 9.00–18.00, Nov.–März tgl. 10.00–16.00, April tgl. 10.00–18.00 Uhr). In der **Unterstadt** schmückt das gotische **Rathaus** (um 1480) mit hübschen Ziergiebeln den Markt. Das älteste Porzellanglockenspiel (1929) der Welt erklingt im Turm der **Frauenkirche** (um 1500). In den Schauwerkstätten der **Meissener Porzellanmanufaktur** ist bei einer Führung zu erleben, wie Weißes Gold zu Kunst wird. Eine Ausstellung kostbaren Porzellans und Verkaufsräume komplettieren die **Erlebniswelt Haus Meissen** (Talstraße 9, Tel. 03521 46 82 08, www.meissen.com; Mai–Okt. tgl. 9.00–18.00, Nov.–April tgl. 9.00–17.00 Uhr).

MUSEUM

Der Besuch des Museums in der **Albrechtsburg** erlaubt einen Blick auf die im 19. Jh. gestalteten Festsäle und Wohnräume und informiert über Landesgeschichte und Porzellan-

manufaktur (Domplatz 1, www.albrechtsburg-meissen.de; tgl. März–Okt. tgl. 10.00–18.00, sonst tgl. 10.00–17.00 Uhr).

HOTELS UND RESTAURANTS

Das bezaubernde € € € **Fährhaus Meißen** liegt mit herrlichem Panorama auf der dem Burgberg gegenüberliegenden Elbseite (Hafenstraße 16, 01662 Meißen, Tel. 03521 72 88 86 0, www.designhotel-meissen.de). Sächsische Kartoffelsuppe oder Dresdener Sauerbraten mit Blick über die Altstadt serviert der € € € **Domkeller** (Domplatz 9, Tel. 03521 45 76 76, www.domkeller.com). Im historischen € € **Vincenz Richter** am Markt speist man sächsische Traditionsgerichte (An der Frauenkirche 12, Tel. 03521 45 32 85, www. vincenz-richter.de).

UMGEBUNG

Das 15 km östlich liegende Renaissanceschloss **Moritzburg** ließ August der Starke 1723–1733 zu einem barocken Jagd- und Wasserschloss ausbauen. Kostbare Tapeten, eine Meissener Porzellansammlung und eine Ausstellung von Jagdtrophäen sind in den Räumen zu besichtigen. Zur Anlage gehören ein Schlosspark und das Fasanenschlösschen in verspieltem Rokoko (www.schloss-moritz burg.de; April–Okt. tgl. 10.00–17.30 Uhr, sonst nur Führung Di.–So. 11.00 Uhr). Das Städtchen **Radebeul** (33 000 Ew.) an der Elbe ist von Weinbergen umrahmt. Besonders romantisch wirkt der flussnahe Stadtteil **Altkötzschenbroda,** ein ehemaliges Fischerdorf mit lang gestrecktem Anger und niedrigen Häuschen. Karl-May-Freunde pilgern zur Villa Shatterhand, in der der Schriftsteller von 1896 bis 1912 lebte. Bibliothek und Wohnräume sind noch originalgetreu erhalten. In der Villa Bärenfett, einem Blockhaus im Garten, präsentiert

eine Ausstellung Indianer-Kleidung, -Waffen und -Schmuck (Karl-May-Straße 5, www.karl-may-museum.de; März–Okt. Di.–So. 9.00–18.00, sonst Di.–So. 10.00–16.00 Uhr).

Schloss Wackerbarth, im 18. Jh. u. a. von Pöppelmann für einen Kabinettsminister Augusts des Starken errichtet, schmückt sich mit französischem Garten und einem zierlichen Belvedere am Weinberg. Es beherbergt heute das Sächsische Staatsweingut (Wackerbarthstraße 1, 01445 Radebeul, Tel. 0351 89 55 0, www.schloss-wackerbarth.de).

INFORMATION
Tourist-Information, Markt 3, 01662 Meißen, Tel. 0352 41 94 0, www.touristinfo-meissen.de

 4 Torgau

Die Elbstadt (20 000 Ew.) ist eng mit der Reformation verbunden (s. auch S. 50). Das prächtige Renaissanceschloss Hartenfels beherrscht die kleine, gut erhaltene Altstadt.

SEHENSWERT
Die bereits im 10. Jh. erwähnte Siedlung an der Elbe erlebte im 16. und 17. Jh. ihre Blütezeit als Sitz der Ernestiner. So konnte am Marktplatz das prächtige Renaissance-**Rathaus** (um 1575) mit Runderker errichtet werden. In der gotischen **Marienkirche** (12.–16. Jh.) fand Martin Luthers Ehefrau Katharina von Bora 1552 ihre letzte Ruhe; sehenswert ist auch das Gemälde „Die vierzehn Nothelfer" von Lukas Cranach d. Ä. Am Westrand der Altstadt erhebt sich das Renaissanceschloss **Hartenfels** TOPZIEL auf einem 10 m hohen Porphyrfelsen oberhalb der Elbe (www.schloss-hartenfels.de). Kurfürst Ernst, Stammvater der Ernestiner des Hauses Wettin, machte die seit dem 10. Jh. verbürgte Burg nach Umbauten zum Schloss und ab 1485 zu seiner Residenz. Glanzstück der ausgezeichnet erhaltenen Anlage ist der Große Wendelstein am Südflügel: Die spiralförmig geführte, freitragende Treppe ist reich verziert und mit einem Rippengewölbe bedacht. Die 1543/1544 errichtete Schlosskirche war der erste protestantische Kirchenneubau; im Innenraum sticht die reich skulptierte und farblich gefasste Kanzel heraus.
Unterhalb des Schlosses erinnert das **Denkmal der Begegnung** an der Elbe an das angeblich erste Aufeinandertreffen amerikanischer und sowjetischer Truppen am 25. April 1945, das tatsächlich einige Stunden vorher 20 km elbaufwärts in Strehla stattgefunden hatte.

RESTAURANTS
Sächsische Spezialitäten werden im urig eingerichteten Altstadtrestaurant € € **Herr Käthe** serviert (Katharinenstraße 4, Tel. 034 21 77 86 65, www.herrkaethe-torgau.de). Rustikal Schmackhaftes gibt es auch im € **Alten Elbehof** (Werdau 12, Tel. 034 21 90 45 25, www.elbehof.eu).

INFORMATION
Torgau-Informations-Center, Markt 1, 04860 Torgau, Tel. 034 21 70 14 0, www.tic-torgau.de

KLETTERN LIGHT IM ELBSANDSTEINGEBIRGE

Senkrechte Wände emporzuklettern, ist nicht jedermanns Sache – andererseits laden die Felstürme der Sächsischen Schweiz geradewegs dazu ein, sein Geschick zu messen. Hier eine Stiegentour, die auch für Einsteiger geeignet ist.

Sie starten in Schmilka auf dem gelb markierten Wurzelweg in Richtung Zwieselhütte und Heringsgrund, bis Sie die Heilige Stiege erreichen, auf der es nun zuerst über Steinstufen, dann auf einer Eisenstiege zwischen Felswänden steil bergauf geht. Der Blick auf die Großen Schrammsteine belohnt, oben angekommen, für die Mühe. Nun wandert man auf der grün markierten, recht holperigen Oberen Affensteinpromenade weiter in Richtung wilde Hölle und genießt immer neue Ausblicke wie etwa ins Große Bauerloch. Durch die Wilde Hölle klettert man über Eisenleitern und in den Stein gehauene Stufen wieder bergab zur bequemen Unteren Affensteinpromenade, von der der Königsweg abzweigt (roter Strich). An der Bloßstockwand entlang und wieder steil

Trittsicherheit und Schwindelfreiheit sind unbedingt erforderlich.

bergauf (grüner Strich) gelangt man auf den Frienstein und, ziemlich ausgesetzt, aber durch Halteeisen gesichert, um eine Felssäule zur Idagrotte, von der aus sich einem ein herrliches Panorama eröffnet.

Der Obere Affensteinweg bringt Sie zum Fremdenweg und auf dem Unteren Fremdenweg am Kleinen Winterberg vorbei (roter Punkt) zur Einmündung in den Europäischen Fernwanderweg E3. Auf ihm gelangen Sie auf den Gipfel des Großen Winterberg. Hier nehmen Sie den Malerweg auf und wandern nach Schmilka zurück.

....

Start und Ziel liegen in Schmilka.
Dauer der Tour rund 6 Std.
Der **Anspruch** an Wanderer ist mittelschwer.

Oberlausitz

*

BESCHAULICHES SACHSEN

*

Weites Heideland in sanften Wellen, zahllose Seen und ein Mittelgebirge, das waldreich die Grenzen zur Tschechischen Republik und nach Polen begleitet, dazwischen stolze Kaufmannsstädte – das ist die Oberlausitz, die eine beschauliche Stimmung bewahrt hat.

Beim Internationalen Straßentheaterfestival ViaThea verwandelt sich Görlitz' Altstadt in eine einzige Bühne.

Typisches Umgebindehaus im Oberlausitzer Obercunnersdorf, umgeben von einem prächtigen Garten

Durch die Grenzöffnung nach Polen 2007 entkam Zittau seiner abgelegenen Lage: Blick in die Bautzener Straße.

Panschwitz-Kuckaus Zisterzienserinnenkloster St. Marienstern, obersorbisch Marijina Hwezda genannt, konnte allen reformatorischen Bemühungen bis heute widerstehen.

Zu einem Lausitzer Osterfest gehört eine Reiterprozession – hier die Saatreiterprozession zwischen Ostritz und dem Kloster St. Marienthal.

Der ländliche Osten Sachsens ist eine reizvolle, aber unspektakuläre Region, in der vor allem die vielen vergoldeten Wegkreuze auffallen – hier ist katholisches Sorbenland. Katholisch, weil diese eher überregional auf ihr Zentrum Rom ausgerichtete Religionsgemeinschaft mehr Verständnis für die kulturelle Eigenständigkeit der slawischen Sorben aufbrachte als die auf Integration bestehenden deutsch orientierten Protestanten. Die hiesigen Dörfer mit ihren charakteristischen „Umgebindehäusern" inmitten von Sommerblumengärten wirken friedlich und aufgeräumt. Um das 15. Jahrhundert soll diese besondere Architektur entstanden sein, bei der eine Blockstube mit einem Tragwerk aus Fachwerk umbaut wird. Auf diesem Tragwerk ruht das Dach oder die erste Etage. Die Blockstube ist von außen an dem meist mit Schnitzbögen geschmückten Holzbereich des Hauses zu erkennen.

In einige der angeblich noch 19 000 erhaltenen „Umgebinde" sind Gastbetriebe eingezogen. Simone Scholz beispielsweise betreibt in Ebersbach in einem Umgebinde-Vierseithof ein Kaffeemuseum mit Rösterei und Café. 2005 hat sie sich in den Gutshof aus dem 15. Jahrhundert verguckt und ihn aufwendig restauriert. Im hübschen Innenhof duftet es

nach frisch gerösteten Bohnen und selbst gebackenem Kuchen. Michael Tille und Dolores Weidner hat es 1993 von Berlin nach Obercunnersdorf verschlagen, wo sie in jahrelanger Handarbeit ein völlig heruntergekommenes Umgebindehaus in ein hübsches Domizil mit Ferienwohnungen verwandelten. Auch Thomas Brumme wurde hier fündig. Der Oberlausitzer kehrte aus Potsdam in seine Heimat zurück und richtete in den beiden Blockstuben seines Umgebindehauses ein gemütliches Café ein.

VON DER LAUSITZ IN DIE WELT

Vielerorts in der Oberlausitz wird altes Handwerk bewahrt: In Pulsnitz kommen

und acht dreieckigen Zacken kleben Mitarbeiter der Manufaktur in Herrnhut wie vor 120 Jahren mit Pinsel und Pinzette aneinander. Seit 1729 stellt die Töpferei in Puschwitz Zierkeramik in den althergebrachten Farben Braun, Beige und Grün her, darunter die berühmten Bautz'ner Senfbecher. Der Senf dazu kommt – natürlich – aus Bautzen; seit 1866 wird er dort gemahlen. Über die Wiedervereinigung hinaus blieben die Ostdeutschen ihrem Mostrich treu, wie das Senfmuseum im Ladengeschäft des mittlerweile deutschlandweit angebotenen „Bautz'ners" dokumentiert. Übrigens wirkt Bautzen mit einem weiteren „Produkt" weit über Sachsens

»GOTT SCHUF DIE LAUSITZ, DER TEUFEL ABER DIE KOHLE DARUNTER.« SORBISCHES SPRICHWORT

das ganze Jahr über feine Pfefferkuchen aus den Öfen, während in anderen Werkstätten Stoffe, Tischwäsche, ja sogar Kleidung und Taschen im traditionellen Blaudruck entstehen. Die berühmten Herrnhuter Sterne aus 17 viereckigen

Grenzen hinaus. Die Pop-Rock-Band „Silbermond" um Sängerin Stefanie Kloß stammt aus der Spreestadt; ihre seltenen Heimatort-Auftritte im Kulturzentrum „Steinhaus" sind Monate im Voraus ausverkauft.

Zur Türmelandschaft Bautzens gehört auch die Wasserkunst, ein Turmbau, in dem Spreewasser hinauf auf Stadtniveau gepumpt wurde.

HIGH NOON IN HOYWOY

Bei allen positiven Entwicklungen – die Landflucht scheint unaufhaltbar: Prognosen für die Bevölkerungsentwicklung bis 2025 gehen für die Landkreise Bautzen und Görlitz von einem Minus von bis zu 17 Prozent aus. Den drastischsten Einbruch verzeichnet zweifelsohne Hoyerswerda, umgangssprachlich Hoywoy genannt: Von den 70 000 Einwohnern zur Blütezeit des Kohleveredelungskombinats Schwarze Pumpe sind heute nur noch 35 000 Menschen übrig. Der Eindruck der überbreiten, menschenleeren Straßen der von mittlerweile überdimensioniert wirkenden Plattenbauten geprägten Neustadt ist etwas deprimierend. Zwar wurde mit Farben und Grün viel getan, der Wohnbrache ein fröhlicheres Gesicht zu verpassen – den Wegzug konnten diese Maßnahmen aber nicht aufhalten.

DIE JÄHRLICHE ALTSTADTMILLION

Dass Görlitz sich heutzutage als „schönste Stadt Deutschlands" feiern kann, hat es zu einem nicht unwesentlichen Anteil einem anonymen Wohltäter zu danken. Als ein Münchner Anwalt 1995 mit den Görlitzer Stadtoberen Kontakt aufnahm und die Geldüberweisung eines Spenders ankündigte, glaubten die an einen Witz – bis tatsäch-

Welcome to Görliwood

Was macht das französische Métro-Schild vor dem Görlitzer Rathaus? Und ist das Jackie Chan, der gerade über den Untermarkt rennt?

Die Chronik ist beachtlich, und Jackie Chan war tatsächlich da: Als eine der ersten internationalen Filmproduktionen wurde „In 80 Tagen um die Welt" mit dem Actionstar 2004/2005 in Görlitz gedreht. Die perfekt erhaltene Altstadt war bereits bei DDR-Filmschaffenden ein beliebter Drehort, doch so richtig in Fahrt kam das

Geschäft mit den bewegten Bildern durch Jackie Chan. Seither haben u.a. Quentin Tarantino („Inglorious Basterds"), George Clooney („Monuments Men") und Wes Anderson („The Great Budapest Hotel"), jeweils mit einem Tross internationaler Stars im Gefolge, Görlitz Arbeitsbesuche abgestattet, nicht zu reden von den vielen deutschen Regisseuren, die die Altstadtkulisse für Filme wie „Die Vermessung der Welt" oder „Goethe" nutzten bzw. für die derzeitige ARD-Krimireihe „Wolfsland" nutzen.

Neben der Altstadt verfügt Görlitz mit dem Gelände der Landskronbrauerei über ein historisches Industrieareal, das auch gut als New Yorker Hafengelände durchgeht. Ein richtiger Clou aber ist das – zurzeit leider noch geschlossene – Kaufhaus Görlitz am Demianiplatz, dessen original erhaltene Jugendstileinrichtung im „The Grand Budapest Hotel" so wunderbar zur Geltung kam.

Das schönste
Renaissance-Bauwerk
in Görlitz ist der 1526
fertiggestellte
Schönhof in der
Brüderstraße, heute
Schlesisches Museum.

Bautzen, die „Hauptstadt" der Oberlausitz, ist
bekannt für Senf: im Senfmuseum.

Vom Bautzener Hauptmarkt geht der Blick zum Reichenturm am Ende der Reichenstraße,
einst Teil der Stadtbefestigung.

Bad Muskaus Neues Schloss entstand bis 1866, lange nachdem Fürst Pückler
seinen Park hatte veräußern müssen.

Die Energiefabrik Knappenrode
südöstlich von Hoyerswerda, bis
1993 produzierende Brikettfabrik,
wurde zu einem der Standorte des
Sächsischen Industriemuseums
(links). Die Handwerkergasse
Lange Straße aus dem
18. Jahrhundert erinnert an
Hoyerswerdas Geschichte vor
der Braunkohle (rechts).

Schwimmende Ferienhäuser auf dem Geierswalder See:
Ferienanlage Lausitz Resort

lich eine halbe Million Mark einging. Bedingung: Das Geld darf nur zur Altstadtsanierung verwendet werden. Seither wurde jedes Jahr eine Summe überwiesen, mit der nicht wenige der über 4000 Baudenkmäler der Stadt an der Neiße restauriert werden konnten – 21 Jahre lang, denn 2016 war Schluss. Diese Spenden und Mittel aus diversen Fonds haben Görlitz in ein Schmuckkästchen der Renaissance und des Barock verwandelt. Die Identität des Wohltäters blieb indes geheim, wenngleich es an Spekulationen nicht mangelte. Sogar Hollywood-Star Nicolas Cage wurde bemüht. Was perfekt zum Image des Lausitzer „Görliwood" gepasst hätte.

EIN LEBEMANN UND GARTENFREUND

Über derlei anonyme Zuwendungen hätte sich Hermann Graf zu Pückler-Muskau sicherlich ebenso gefreut wie die Görlitzer Bürgerschaft. Der Graf mit dem grünen Daumen hatte nach einer Englandreise und dem Besuch dortiger Landschaftsgärten sein gesamtes Vermögen aufs Spiel gesetzt, um sich in Bad Muskau einen Gartentraum zu erfüllen. Von 1815 bis 1845 dauerte das Experiment an der Neiße, dann musste er, zahlungsunfähig geworden, sein Anwesen verkaufen und zog zurück auf das Erbschloss seiner Familie nach Branitz bei Cottbus – um dort sofort mit der Anlage eines neuen Traums zu beginnen.

In Erinnerung blieb der weit gereiste und darüber auch reiseschriftstellernde Fürst allerdings nicht so sehr wegen der von ihm entwickelten seinerzeit Aufsehen erregenden „Blickachsen" und seiner „Naturmalerei", wie er seine Parkgestaltung nannte, sondern wegen seines Faibles für eine besondere Eissorte aus geschlagener Sahne, Zucker und frischen Früchten. In Bad Muskau ist das angeblich originale Demi-Glace à la Pückler in jedem Café erhältlich, besteht aber mittlerweile als Reverenz an die heutigen Genussgewohnheiten aus ebenso leckerem übereinander geschichtetem Schoko-, Vanille- und Erdbeer- oder Himbeereis.

Die Sorben

MÜHLENZAUBERER UND VOGELHOCHZEITER

Erinnern Sie sich an Krabat, den Müllerburschen aus Otfried Preußlers düsterem Jugendbuch? In einer Mühle in Schwarzkolln, auf halbem Weg zwischen Kamenz und Hoyerswerda, erlernte der Junge die Schwarze Magie und besiegte schließlich seinen bösen Lehrmeister.

Eine Sage der Sorben, einer ab dem 6. Jahrhundert in die Gebiete zwischen Neiße und Oder eingewanderten westslawischen Volksgruppe, war Vorlage für Otfried Preußlers Buch. Neusiedler aus dem deutschen Sprachraum drängten die Sorben ab dem 12. Jahrhundert an den Rand; bald war auch ihre Sprache verboten. Nur in zwei Regionen – um Cottbus und in der heutigen Oberlausitz – gelang es den Sorben, ethnische und sprachliche Identität zu bewahren. In der DDR als Vorzeige-Minderheit gefördert, gründeten Sorben Kulturvereine und das politische Sprachrohr „Domowina" mit Sitz in Bautzen. Dennoch wird die Zahl derjenigen, die sich zu den Sorben zählen oder gar die Sprache pflegen, immer kleiner. 1880 verzeichneten die beiden Siedlungsgebiete 166 000 sorbische Einwohner, nach dem Zweiten Weltkrieg waren es 100 000 und heute 60 000, von denen wahrscheinlich nur noch 22 000 die Sprache beherrschen.

Um diesen Prozess des Verschwindens aufzuhalten, wird Einiges getan. Über 100 Initiativen wie der Trachtenverein Seidewinkel aus Hoyerswerda zeigen bei Auftritten traditionelle Kleidung und Tänze und gestalten Feste wie die berühmte sorbische „Vogelhochzeit" Ptaškowa swajzbal, einen alten Brauch, der Ende Januar den Winter austreibt. Das Sorbische National-Ensemble Bautzen widmet sich musikalisch Volks- wie Hochkultur mit sorbischen Wurzeln. Das Deutsch-Sorbische Volkstheater Bautzen auf der Ortenburg ist die einzige Bühne, die regelmäßig auch sorbischsprachige Stücke inszeniert. Direkt gegenüber führt das Sorbische Museum mit einer modern präsentierten Ausstellung durch Kultur und Geschichte der Sorben. Besonders interessant ist hier die Sammlung zeitgenössischer Kunst, darunter sind auch Werke des wohl bekanntesten sorbischen Malers, des nahe Bautzen in Nebelschütz geborenen und einst dort wohnenden Jan Buck (1922 bis 2019).

Hoffnungsvoller Nachwuchs der sorbischen Trachtengruppe Seidewinkel

BEKANNT IST DAS OSTERFEST

Aber meist ist es doch das lebendige Brauchtum wie beispielsweise beim Osterfest, das man mit den Sorben in Verbindung bringt. Bereits Wochen vorher bemalen die Familien mit den

Die Mitglieder der Trachtengruppe Seidewinkel präsentieren im Jahreslauf auf regionalen Festen die verschiedensten Trachten der Hoyerswerdaer Region (oben). Das 1952 gegründete Sorbische National-Ensemble will die kulturelle Tradition der Sorben bewahren, diese aber auch modern und lebendig weiterentwickeln. Es bietet professionell die Sparten Ballett, Chor und Orchester (unten).

traditionellen Methoden wie Wachsreserve-, Kratz-, Ätz- oder Bossiertechnik die Eier, die dann stolz auf den Ostermärkten präsentiert werden.

Eierschieben und Osterblasen sind nur einige der dabei praktizierten Bräuche. In katholischen Regionen ziehen die Männer am Ostersonntag in feierlichen Reiterprozessionen zur Kirche. In der Nacht davor brennen vielerorts Osterfeuer, um die bösen Geister zu vertreiben. Maibaumaufstellen und -werfen geben am 1. Mai Anlass zu manch feuchtfröhlicher Feier. Bei allen Festen stechen die aufwendig bestickten sorbischen Trachten hervor – besonders bei der Sorbischen Hochzeit. Diese findet – mit Hochzeitszug und dem berühmten Schleiertanz zum Abschluss – inzwischen vielerorts auch als Touristenattraktion statt.

Zum sorbischen Hochzeitsessen, das dabei gereicht wird, gehört unbedingt eine Hochzeitssuppe mit Eierstich und Leberklößchen, gefolgt von gekochtem Rindfleisch mit Wurzelgemüse und Meerrettichsauce. So oder so ähnlich servieren es viele Restaurants der Oberlausitz oder ganz waschecht das sorbische „Wjelbik" in der Bautzener Altstadt.

Informationen

Sorbisches Museum, Ortenburg 3, Bautzen, www.sorbisches-museum.de; Di.–So. 10.00–18.00 Uhr
Deutsch-Sorbisches Volkstheater, Seminarstraße 12, Bautzen, Tel. 03591 58 40, www.theater-bautzen.de
Sorbisches Restaurant Wjelbik €€, Kornstraße 7, Bautzen, Tel. 03591 42 06 0, www.wjelbik.de
Krabatmühle (Krabat-Erlebniswelt nach Motiven der Sage), Koselbruch 22, Schwarzkollm/Hoyerswerda, www.krabatmuehle.de; April–Okt. tgl. 10.00–18.00, März Mo.–Fr. 13.00–16.00, Sa. und So. 10.00–16.00, Nov. und Dez. Mo.–Fr. 12.00–16.00, Sa. und So. 13.00–16.00, Jan. und Febr. Sa. und So. 13.00–16.00 Uhr

STÄDTE, TEICHE UND GEBIRGE

Die Oberlausitz zwischen Oberlausitzer Heide- und Teichgebiet im Nordwesten und Zittauer Gebirge im Südosten ist traditionelles Siedlungsgebiet der slawischstämmigen Sorben. Lange kam dem Bergbau große wirtschaftliche Bedeutung zu. Heute sind viele der Tagebaugruben geflutet und in reizvolle Seenlandschaften verwandelt.

❶ Hoyerswerda

Die Stadt (35 000 Einw.) am Rand der Oberlausitzer Heide- und Teichlandschaft musste mit dem Bau eines Braunkohleveredelungswerks 1955 einen Bevölkerungsanstieg von 7000 auf über 70 000 Einwohner verkraften, für die in der „Neustadt" Plattenbausiedlungen entstanden. Nach dem Aus für die Kohleproduktion nach der Wende wanderte über die Hälfte der Menschen wieder ab.

SEHENSWERT
Im Park von **Schloss Hoyerswerda**, im 13. Jh. als Wasserburg gegründet und vor allem in der Renaissance (Ende 16. Jh.) umgebaut, wurde 1959 ein **Zoo** eingerichtet (Am Haag 20, www. kulturzoo-hy.de; Sommer 9.00–18.00, Winter 10.00–17.00 Uhr). In der **Altstadt** hat sich mit der Langen Straße eine typische Handwerkergasse des 18. Jh. erhalten.

MUSEUM
Dem Erfinder des Computers ist das **Konrad-Zuse-Museum ZCOM** gewidmet (Dietrich-Bonhoeffer-Straße 1–3, www.zusecomputer-museum.com; Di.–So. 10.00–17.00 Uhr).

UNTERKUNFT UND RESTAURANT
Im See verankerte, topmodern eingerichtete Häuser mit viel Glas sind die € € € **Schwimmenden Häuser** im Lausitzer Seenland Resort (Wohnhafen Scado 2/3, 02979 Elsterheide, Tel. 03591 49 68 71, www.lausitzer-seenland-resort.de). Fein speist es sich im € € € **Westphalenhof** (Dorfaue 43, 02977 Zeißig, www.westphalen hof.de, Tel. 03571 91 39 44, Mo. geschl.).

UMGEBUNG
Im rund 30 000 ha großen Biosphärenreservat **Oberlausitzer Heide- und Teichlandschaft** ist wandernd oder per Rad eine artenreiche Tier- und Pflanzenwelt zu entdecken, zu der Seeadler, Kraniche, Hirsche und Seeotter ebenso gehören wie auch Moorveilchen, Sand-Strohblumen und Eichen. Einen ersten Überblick verschafft der 8,3 km lange **Naturerlebnispfad Guttauer Teiche**. Das benachbarte **Naturparkzentrum Haus der Tausend Teiche** zeigt eine multimediale Ausstellung über den Naturraum (Warthaer Dorfstraße 29, Malschwitz/ Wartha, www.haus-der-tausend-teiche.de; Di.–So. 9.00–17.00 Uhr).

Im Kromlauer Rhododendronpark (links). Umgebindehaus in Oybin (rechts oben). Pfefferkuchen aus Pulsnitz (rechts unten).

Weiter nördl. wurden ehem. Tagebaugruben zu einer der größten, künstlich angelegten Teichlandschaften Europas, zum **Lausitzer Seenland** (www.lausitzerseenland.de).

INFORMATION
Touristeninformation, Braugasse 1, 02977 Hoyerswerda, Tel. 03571 20 961 70, www.lausitzerseenland.de

❷ Bad Muskau

Der Kurort (Moorbäder, eisenhaltige Quellen; 3700 Einw.) mit Wurzeln im 15. Jh. ist geprägt vom Park, den Hermann Fürst von Pückler-Muskau ab 1815 auf dem Schlossgut anlegen ließ.

SEHENSWERT
Das **Neue Schloss** mit seiner roten Neorenaissancefassade erlitt im Zweiten Weltkrieg schwere Schäden und wurde danach in Teilen neu gebaut. Die mit virtuellen Elementen versehene Ausstellung im Schloss berichtet über die Idealvorstellungen des Fürsten, die zum Verkauf des unvollendeten Gartentraums 1845 führten (www.muskauer-park.de; April–Okt., tgl. 10.00–18.00 Uhr).

Akkurate Blumenrabatten schmücken den direkten Umkreis des Schlosses, scheinbar ungestaltete, doch durchaus geplante Natur findet sich in den weiter entfernten Parkteilen. Wander- und Radwege erschließen das 830 ha große **Pücklersche Gartenreich** TOPZIEL.

HOTEL UND RESTAURANT
Das € € € **Kulturhotel Fürst Pückler Park** mit großem Spa grenzt an den Park und besitzt ein gutes Restaurant (Schlossstraße 8, 02953 Bad Muskau, Tel. 035771 53 30, www.kultur hotel-fuerst-pueckler-park.de).

UMGEBUNG
Im ab 1842 angelegten Azaleen- und Rhododendronpark in **Kromlau** (westl.) entfalten die Büsche im April und Mai ihre schönste Blütenpracht (www.kromlau-online.de).

INFORMATION
Bad Muskau Touristik, Schlossstraße 6, 02953 Bad Muskau, Tel. 035771 5 04 92, www.muskau.info

❸ Görlitz

Die Neißestadt (55 000 Ew.) an der polnischen Grenze blieb von Kriegsschäden weitgehend verschont. Mit der restaurierten Altstadt ist ein einmaliges Renaissanceensemble erhalten, und auch die Viertel der Gründerzeit erstrahlen in alter Pracht. Die seit dem 11. Jh. beurkundete Stadt war ab 1346 Mitglied des Sechsstädtebundes. 1815 wurde sie Preußen zugeschlagen, 1945 zwischen Polen und Deutschland geteilt.

SEHENSWERT

Die **Altstadt** TOPZIEL ist ein Bummelparadies. Ein geschlossenes Bild bietet der **Untermarkt** mit dem Schönhof. Beispiele für „Görlitzer Hallenhäuser" sind die Häuser Untermarkt 2 bis 5, die „Waage" (Nr. 14) und der „Goldene Hirsch" (Nr. 26). Auch im **Rathaus** vereinen sich Stile des 14. bis 16. Jh. Den ältesten Teil zur **Brüderstraße** hin verband Wendel Roskopf 1537 mittels einer Freitreppe mit dem dem 16. Jh. errichteten Renaissanceteil. Die **Peterstraße** führt am gotischen Flüsterbogen vorbei zur **Kirche St. Peter und Paul** mit der kostbaren „Sonnenorgel" von Eugenio Casparini (1703). Den von barocken Bürgerhäusern und der **Dreifaltigkeitskirche** (14./15. Jh.) gesäumten **Obermarkt** schließen **Reichenbacher Turm** (14. Jh.) und **Kaisertrutz** (15. Jh.) ab. Das **Kaufhaus** am Marienplatz gilt als schönstes Jugendstilkaufhaus Deutschlands. Nördlich der Altstadt findet sich im **Nikolaiviertel** das **Heilige Grab** (S. 121), 1504 von einem Jerusalem-Rückkehrer erbaut (Heilig-Grab-Straße 79, www.ev kulturstiftunggr.de; April–Sept. Mo.–Sa. 10.00 bis 18.00, So. 11.00–18.00 Uhr, sonst kürzer).

MUSEUM

Das **Schlesische Museum** präsentiert in der interessanten Ausstellung zur Kulturgeschichte

---

Tipp

Auf schmaler Spur durchs Muskauer Land

Ihre Existenz verdankt die Schmalspurbahn durch die Muskauer Heidelandschaft industriellen Interessen: Graf von Arnim verband seine Abbaugruben in der an Bodenschätzen reichen Region Ende des 19. Jh. per Güterbahn. Seit den 1980er-Jahren engagieren sich Eisenbahnfreunde für die Wiederinbetriebnahme – heute fahren regelmäßig Diesel- und Dampfzüge zwischen Weißwasser und Kromlau bzw. Bad Muskau.

INFORMATION
Waldeisenbahn Muskau; Mai–Sept. an Wochenenden, Juli und Aug. teils tgl., Pläne auf www.waldeisenbahn.de

---

Görlitz' Untermarkt mit Ratsapotheke (oben) und Altem Rathaus (rechts unten). Festivalleben auf Görlitz' Obermarkt (rechts oben).

Exponate der traditionellen Kunsthandwerke (Brüderstraße 8, www.schlesisches-museum. de; Di.–So. 10.00–17.00 Uhr).

ERLEBEN

Informationen zur **Filmstadt Görlitz** sind auf www.goerlitz-filmstadt.de zusammengefasst; Führungen zu den Drehorten organisiert die Tourist-Information. Der **Christkindelmarkt** zwischen zweitem und viertem Advent in den Altstadtgassen ist besonders stimmungsvoll.

HOTELS UND RESTAURANTS

Das komfortable € € € **Hotel Silesia** besitzt ein kleines Spa und ein empfehlenswertes Restaurant (Biesnitzer Straße 11, 02826 Görlitz, Tel. 03581 42 14 0, www.hotelsilesia.de). Das Traditionshotel € € **Dreibeiniger Hund** mit rustikalen Zimmern wird sehr freundlich geführt (Buttnerstraße 13, 02826 Görlitz, Tel. 03581 42 39 80, www.dreibeinigerhund.de). Feine schlesische und mediterrane Küche hinter den Mauern eines Patrizierhauses bietet das € € € **St. Jonathan** (Patrizierstraße 6, Görlitz, Tel. 03581 42 10 82, www.goerlitz-restaurant.de). Auch der Brauereigasthof € € **Obermühle Görlitz** bietet gehobene schlesische Küche – und altstadtnahe Zimmer (An der Obermühle 5, 02826 Görlitz, Tel. 03581 87 98 32, www.obermuehle-goerlitz.de).

INFORMATION
Görlitz-Information, Obermarkt 32 (Besucheranschrift), Fleischerstraße 19 (Postanschrift), 02826 Görlitz, Tel. 03581 47 57 0, www.goerlitz.de

❹ Bautzen

Die Spreestadt (40 000 Einw.) ist die historische Kapitale der Oberlausitz. 1002 wurde die Ortenburg erstmals erwähnt. Abwechselnd zu Brandenburg und Böhmen gehörend, gründete Bautzen mit fünf weiteren Gemeinden 1346 den mächtigen Oberlausitzer Sechsstädtebund, der den Beteiligten juristische wie wirtschaftliche Unabhängigkeit sicherte. In DDR-Zeiten war Bautzen Standort einer der berüchtigtsten Strafanstalten der DDR.

SEHENSWERT

Die mächtige **Ortenburg** auf ihrem Felssporn über der Spree wurde um 1000 durch den

---

Markgrafen von Meißen errichtet und nach einem Brand im 17. Jh. wiederhergestellt. Das Burgareal ist mit Museum und Theater fest in sorbischer (Kultur-)Hand (s. auch S. 66). Die Nordseite des von barocken Fassaden gesäumten Hauptmarkts schließt das um 1730 erbaute Rathaus ab. Dahinter überragt der Turm des gotischen **Doms St. Petri** den Fleischmarkt. Die 1457 geweihte Kirche ist seit 1524 Simultankirche für beide Konfessionen – den katholischen Bereich im Chor schmücken ein barocker Hochaltar und ein Kruzifix von Balthasar Permoser, den protestantischen im Langhaus die Fürstenloge. Die Reichenstraße endet am **Reichenturm**, der als „Schiefer Turm von Bautzen" 1,41 m von der Senkrechten abweicht. Im Südwesten bilden **Lauenturm** (um 1400), **Michaeliskirche** (Urspr. 13. Jh.) und **Alte Wasserkunst** ein malerisches Turm-Ensemble. Letztere diente ab 1588 als von der Spree angetriebenes Schöpfwerk; ein Museum erläutert die Technik (Wendischer Kirchhof 2, www.altewasserkunstbautzen.de; April–Okt. tgl.10.00–17.00, sonst außer Jan. tgl. 10.00–16.00, Jan. Sa. und So. 10.00–16.00 Uhr).

HOTELS UND RESTAURANTS
Der idyllische Landgasthof € € € **Erbgericht Tautewalde** zelebriert feine sächsische Küche; auch nette Gästezimmer (Tautewalde 61, 02681 Wilthen, Tel. 03592 38 30 0, www.taute walde.de). Das € € **Zum Handtuch** bietet drei hübsch eingerichtete Zimmer im schmalsten Haus der Stadt (Hauptmarkt 5, 02625 Bautzen, zu buchen über die gängigen Hotelportale). Im € € **Mönchshof** wird teils noch nach mittelalterlichen Rezepten gekocht (Burglehn 1, Bautzen, Tel. 03591 49 01 41, www.moenchshof. de. Nicht nur Cocktails – auch die Küche von € € **Sam's Bar** ist für amerikanische Specials zu loben (Fleischmarkt 4, Bautzen, Tel. 03591 49 09 64, www.sams-bar.de; tgl. ab 19.00 Uhr).

UMGEBUNG

In **Kamenz** (33 km nordw.) erblickte der Dichter Gotthold Ephraim Lessing (1729–1781) das Licht der Welt. Einige Renaissancebauten und das auffällig rote Neorenaissance-Rathaus (1842) schmücken die Altstadt. Sehenswert ist die Ausstellung sakraler Kunst in St. Annen mit fünf hochgotischen Schnitzaltären (Schulplatz 5; April–Nov. tgl. 10.00–18.00, Winter Mo. bis Fr. 10.00–18.00, Sa. und So. 11.00–16.00 Uhr). **Pulsnitz** (12 km südw.) ist seit 1558 für seine Pfefferkuchen bekannt.

INFORMATION
Tourist-Information, Hauptmarkt 1, 02625 Bautzen, Tel. 03591 4 20 16, www.bautzen.de

 **Zittau**

Die im 13. Jh. von Slawen gegründete Siedlung (28 000 Einw.) entwickelte sich als Mitglied des Sechsstädtebundes zu einer blühenden Kaufmannsstadt.

SEHENSWERT
Das **Große Zittauer Fastentuch** von 1472 in der **Kreuzkirche** (15. Jh.) ist ein einzigartiges Beispiel spätmittelalterlicher Textilmalerei: 90 Bildfelder erzählen auf dem 6,80 m auf 8,20 m messenden Tuch Geschichten aus der Bibel (Museum Kirche zum Heiligen Kreuz, Frauenstraße 23, www.zittauer-fastentuecher.de; April–Okt., tgl. 10.00–18.00, sonst Di.–So. 10.00 bis 17.00 Uhr). Ein weiteres **Fastentuch** (1573) mit einer Kreuzigungsszene ist im ehem. Franziskanerkloster ausgestellt (Kulturhistorisches Museum Franziskanerkloster, Klosterstraße 3; www.zittauer-fastentuecher.de; April–Okt., tgl. 10.00–18.00, sonst Di.–So. 10.00–17.00 Uhr).

UMGEBUNG
Kleine Schwester des Elbsandsteingebirges könnte man das **Zittauer Gebirge** nennen. Der Kegel des **Oybin** überragt den gleichnamigen Kurort, der um eine Burg und ein im 14. Jh. errichtetes Cölestinerkloster entstand; dessen malerische Ruinen haben zahlreiche Maler inspiriert (www.oybin.com; April–Okt. tgl. 9.00–18.00, sonst tgl. 10.00–16.00 Uhr). **Kloster Marienthal** (20 km nordöstl.) stiftete die böhmische Königin Kunigunde 1234 für den Orden der Zisterzienserinnen – eine unübersehbare Landmarke. Die Ordensschwestern öffnen anlässlich der Führungen (April–Okt. tgl. 15.00, sonst Sa. und So. 15.00 Uhr).

HOTEL UND RESTAURANT
Der Berggasthof € € **Beckenbergbaude** bringt Spezialitäten wie Stupperchl oder Teichelmauke (Kartoffelklöße bzw. gekochtes Rindfleisch mit Sauerkraut und Kartoffelbrei) auf den Tisch; ruhige Zimmer (Beckenbergstraße 5, 02739 Kottmar/Eibau, Tel. 03586 38 76 73, www.beckenbergbaude.de).

INFORMATION
Tourist-Information, Markt 1, 02763 Zittau, Tel. 03583 75 22 00, www.zittau.de

EINE BOOTSFAHRT, DIE IST LUSTIG

Bei einer Schlauchboottour auf der Neiße eröffnen sich vom Wasser aus ganz neue Ausblicke auf die Muskauer Parkanlage, und man ist der Natur ein Stückchen näher. Wer mag, kehrt mit dem Fahrrad zurück und erkundet beide Seiten des Parks auf dem Drahtesel.

Am Startpunkt, dem Alten Wehr im Süden des Muskauer Parks, erhalten die Teilnehmer Schwimmwesten, und der Bootsführer gibt Instruktionen – schließlich müssen Sie auch selbst Hand ans Paddel legen. Dann gleitet das Schlauchboot durch die Parkanlage, rechts liegt der polnische, links der deutsche Teil, unschwer am alles beherrschenden Neuen Schloss zu erkennen. Unter der Doppelbrücke hindurch geht's, von Schwänen aufmerksam beäugt, auf die Englische Brücke zu, hinter der sich am Bösen Ufer einst Unheimliches abspielte – der Führer weiß davon zu berich-

Vom Schlauchboot aus die faszinierende Natur genießen

ten. Schließlich durchqueren wir den Märchenwald, dessen Name den üppig wuchernden Farnen geschuldet ist. Er ist Teil des Geoparks Muskauer Faltenbogen, der als Endmoräne der Elster-Eiszeit übriggeblieben ist.

Dann ist auch schon auf polnischer Seite unser Ziel Zarkie Wielkie in Sicht. Hier schwingen wir uns auf die bereitgestellten Fahrräder und strampeln dann wieder gemächlich zum Ausgangspunkt zurück.

....

Informationen
Schlauchboottouren veranstaltet:
Neiße Tours
Alte Schmiede, Bauhof 1, 02953 Bad Muskau
Tel. 03589 18 99 93, www.neisse-tours.de
Dauer ca. 2,5 Std

Leipzig und Umgebung

*

EINST GRÄULICH, HEUTE FARBIG

*

Bis in die Wendejahre trug Leipzig ein schwefelig-gelbes bis rußig-schwarzes Kleid, heute glänzt die Messestadt, zumindest im Zentrum, in vielen Farben. Und dort, wo Architekten und Restauratoren noch nicht zugeschlagen haben, haucht ihr eine bunte Szene Leben ein.

Die Mädlerpassage beherbergt neben „Auerbachs Keller" im Untergeschoss rund 20 Ladengeschäfte.

Der Augustusplatz war zu
DDR-Zeiten Karl Marx gewidmet.
Mitten auf dem größten Platz der
Stadt steht der Mendebrunnen,
eine Allegorie auf das Wasser.
Den Hintergrund bilden das
Gewandhaus und der „Uniriese"
genannte Panorama Tower Leipzig.

Zu den „Klingenden Leipziger Höfen" gehört
dieses Konzert im Hansahaus. Der im Zweiten
Weltkrieg zerstörte Messepalast in der
Grimmaischen Straße wurde Ende des
20. Jahrhunderts durch einen Neubau
ersetzt, wobei der Innenhof und die Kuppel
rekonstruiert wurden.

Zentrum der prächtigen Mädlerpassage
ist die Rotunde.

Das Leipziger Nachtleben konzentriert sich auf der Kneipenmeile
Drallewatsch – hier im Barfußgässchen.

> **»REICHTUM, WISSENSCHAFT, TALENTE, BESITZTÜMER ALLER ART GEBEN DEM ORT EINE FÜLLE, DIE EIN FREMDER, WENN ER ES VERSTEHT, SEHR WOHL GENIESSEN UND NUTZEN KANN.«**
>
> Johann Wolfgang von Goethe
> 1782 an Frau von Stein

Kurz nach der politischen Wende war Leipzig die Stadt, von der sich Politik und Wirtschaft mit am meisten erwarteten. Dresden, der in seinem Barock erstarrte, sächsische Regierungssitz, besaß nicht ein Bruchteil der Leipziger Dynamik. In der vom Hausbrand verrußten Pleißestadt wurde schnell restituiert, schnell renoviert, schnell investiert – sicherlich auch ein Verdienst des damaligen Oberbürgermeisters Hinrich Lehmann-Grube. Sicher aber auch dem Charakter der Leipziger geschuldet, die sich von jeher als überaus emsig und geschäftsfreudig erwiesen haben.

Viele der damaligen Träume wurden wahr: Die Messe beispielsweise, von Schwarzsehern unisono für gestorben erklärt, straft mit ihren mittlerweile modernen Hallen in transparenter Architektur und dem Erfolg von Veranstaltungen wie der Buchmesse Kritiker Lügen. Andere Projekte wiederum schienen zu verstiegen, man denke nur an das Debakel, das der Frankfurter Baulöwe Jürgen Schneider 1992 in Leipzig anrichtete. Neuigkeiten aus seinem bundesweiten „Imperium der Hoffnungswerte" waren monatelang ein tagtägliches Fressen für die Presse. Und doch steht am Ende dieser Hochstapelei eine positive Bilanz. Die von Schneider runderneuerte Mädler-Passage ist ein viel besuchtes architektonisches Prunkstück im Stadtzentrum; weitere Renovierungen, die er angestoßen hatte, beendeten andere Projektträger: Barthels Hof beispielsweise, den Fürstenhof, das Romanushaus. Passagen, Durchhöfe, Renaissance- und klassizistische Fassaden erstrahlen heute im alten Glanz, ein Geschäft reiht sich an das andere, in Restaurants drängeln die Gäste – unvorstellbar, wenn man bedenkt, wie triste die Innenstadt noch vor 25 Jahren wirkte.

WASSERSTADT LEIPZIG

So verzweigt und verwinkelt wie das Passagensystem sind auch Leipzigs Wasserstraßen: Neben den Flüssen Weiße Elster, Pleiße, Parthe, Kleine Luppe und Nahle durchfließen Bäche und Kanäle mit einer Gesamtlänge von rund 180 Kilometern das Stadtgebiet. 475 Brücken soll es in Leipzig gegeben haben, als alle Wasseradern noch offen lagen – zum Vergleich: Venedig listet heute rund 435. Viele Wasserläufe wurden bereits im 19. Jahrhundert überwölbt, um Platz für Wohnhäuser zu schaffen, andere in der DDR-Zeit abgeleitet, aufgestaut oder verrohrt. Seit den 1990er-Jahren kommen sie im Zuge der Renaturierung erneut ans Tageslicht zurück.

Einige Kanäle wie der Elstermühlgraben gehen auf das Jahr 1000 zurück. Mönche des Klosters Pegau gruben ihn seinerzeit als Hochwasserschutz. Andere, allen voran der Karl-Heine-Kanal, verdanken ihre Existenz der Industrialisierung Leipzigs im 19. Jahrhundert. Eine treibende Kraft war der 1888 gestorbene Ernst Carl Erdmann Heine, er verfolgte gar die Vision eines Leipziger Binnen-

DIE SCHIFFBARE VERBINDUNG VON DER MESSESTADT NACH HAMBURG BLIEB EIN TRAUM.

hafens, der über Weiße Elster, Saale und Elbe an den internationalen Schiffsverkehr auf den Weltmeeren angeschlossen sein sollte. Als Verbindung zwischen Weißer Elster und Saale ließ er ab 1856 den nach ihm benannten Karl-Heine-Kanal anlegen, der sein Ziel, den „Lindenauer Hafen", zu Lebzeiten Heines allerdings nicht mehr erreichte. Das fehlende Verbindungsstück wurde erst 2015 fertiggestellt. Auf Ernst Carl Erdmann Heine gehen auch viele der ungemein dekorativen Industriebauten zurück, die seinen Kanal säumen. Heute sind darin Büros, Lofts und schicke Restaurants untergebracht.

Frachtschiffe sind auf dem Karl-Heine-Kanal dagegen nie gefahren; dafür entwickelten sich Leipzigs Wasserstraßen nach ihrer Öffnung und Sanierung zu einem einzigartigen Freizeitangebot für Wassersportler. Das System aus Kanälen und Wehren führt von der Leipziger Innenstadt, dem „Stadthafen Leipzig" an der Schreberstraße, durch Plagwitz und den Auenwald bis ins Neuseenland.

BERLIN RELOADED

Aktuell macht Leipzig erneut einen Imagewandel durch. Diesmal geht es nicht um große architektonische Ent-

Die Thomaskirche erhebt sich an einem der schönsten Plätze Leipzigs. Sie war über viele Jahre Wirkungsstätte Johann Sebastian Bachs und ist als musikalische Heimat des Thomanerchores weltweit bekannt.

Leipzigs Markt ist das historische Zentrum der Stadt.
Seit über 550 Jahren wird es vom Alten Rathaus beherrscht.

Mitglieder des Leipziger Thomanerchors vor der Thomaskirche nach einer Motette. Seit dem
13. Jahrhundert gibt es diese vielstimmige, mittlerweile überwiegend geistliche Vokalmusik.

Den Wandel von der Fabrik zum Wohn- und Geschäftshaus haben die ehemaligen Buntgarnwerke am Plagwitzer Elsterbecken bereits vollzogen

Auf dem Areal der früheren Leipziger Baumwollspinnerei haben sich Galerien, das gemeinnützige Kunstzentrum Halle 14 und eine große Anzahl Künstler, Modedesigner, Architekten und Drucker angesiedelt, eine Goldschmiede, eine Keramikwerkstatt, ein Filmklub, eine Porzellanmanufaktur und Gastronomie. „Plastic Fish" nennt sich die Arbeit von Lee Yongbaek (links oben). „Trillerpfeifen", die Installation von Bogomir Ecker, und im Hintergrund „Hirt" von Neo Rauch sind im Museum der bildenden Künste zu sehen (links unten).

Beim Großen Herbstrundgang der Spinnereigalerien auf dem etwa zehn Hektar großen Werksgelände der ehemaligen Leipziger Baumwollspinnerei

Das imposante Renaissance-Rathaus auf Grimmas weitläufigem Markt

Wave-Gotik-Treffen

Special

Leipzigs düstere Kinder

....

Warum ausgerechnet Leipzig zu einem Zentrum der „Schwarzen Szene" wurde, vermag niemand zu sagen. Alljährlich strömen am Pfingstwochenende bis zu 25 000 Anhänger dieser Bewegung in die Stadt, um zu feiern.

Treffen der Gothics, wie sie gelegentlich genannt werden, gab es bereits zu DDR-Zeiten, doch die Ordnungsmacht hat sie immer schnell auf-

gelöst. 1992 kamen dann etwa 2000 „Schwarze" im Leipziger Stadtteil Connewitz zusammen, und damit war das Wave-Gothic-Treffen (heute Wave-Gotik) geboren. Längst besteht es nicht nur aus Konzerten und Tanz; Mittelaltermärkte, Lesungen von romantischer oder von Horror-Literatur, Stadtrundfahrten in schwarzen Trambahnen ... kurzum „Leipzig sieht schwarz", wie die Presse titelt. Das alternative Festival ist im Mainstream angekommen, unterstützt von der Stadt Leipzig und vermarktet vom Tourismusamt. Seit einigen Jahren gibt es Proteste von Linken gegen das WGT, weil unter dem Gothic-Deckmantel nationales Gedankengut verbreitet würde. Die Organisatoren jedenfalls bezeichnen ihr Festival als „unpolitisch". Teilnehmer in Verkleidung, die Wehrmachtsuniformen nachempfunden ist, oder der Stand eines rechtsradikalen Verlags seien nur individuelle Ausrutscher.

würfe oder denkmalgetreue Restaurierung, diesmal passiert alles in kleinen, ziemlich autonomen, aber auch gut vernetzten Schritten alternativer oder avantgardistischer Kunst- und Kulturzirkel. Das viel gerühmte Szene-Biotop Berlin hat ernste Konkurrenz bekommen: Nun steht Leipzig im Fokus der Kreativen. Im Vergleich mit Berlin sind die Mieten für Wohnungen, Lofts und Galerien hier nämlich noch deutlich erschwinglicher.

Die Vorreiter dieser Bewegung sind – inzwischen natürlich längst etabliert – in der Alten Baumwollspinnerei zu besichtigen. „Malerfürst" Neo Rauch und einige seiner Kollegen von der Neuen Leipziger Schule arbeiten immer noch in den ehemaligen Fabrikhallen und stellen hier auch aus. Den von breiten Wasserkanälen durchzogenen Arbeiterstadtteil Plagwitz haben sie damit geadelt (und damit dessen Gentrifizierung angestoßen), aber im an leer stehenden Industriebauten nicht armen Leipzig eröffnen sich jungen Machern unzählige Möglichkeiten, preiswert unterzukommen, und das wiederum fördert die Kreativität: Schon mal von „Dr. Seltsam" in der Merseburger Straße gehört? Fahrradladen und Bar in einem, geöffnet bis 5 Uhr morgens. Oder vom „Kunstkraftwerk" in der Saalfelder Straße? Im Kulturzent-

Wenig blieb vom Kloster Nimbschen, dem Zisterzienserinnenkloster Katharina von Boras

Der Radweg durchs Muldental streift auch Rochlitz mit seinem Schloss und der Petrikirche

WER ALLE BURGEN UND SCHLÖSSER ENTLANG DER MULDE BESUCHEN MÖCHTE, HAT SICH VIEL VORGENOMMEN.

rum im ehemaligen Straßenbahndepot geht nicht nur am Wochenende die Post ab. Und „Lindenfels Westflügel" in der Haehnelstraße ist für sein internationales Figurentheater mit bizarr-schönen Marionetten in einem ehemaligen Ballsaal bekannt.

Und nicht zu vergessen die „Feinkost" in der Karl-Liebknecht-Straße, deutlich erkennbar an der „Löffelfamilie". Vater, Mutter und zwei Kinder, die – tatsächlich animiert – aus Konservendosen Suppe löffeln, waren eine der wenigen Leuchtreklamen im DDR-Leipzig. Das heimliche Wahrzeichen Leipzigs prangt über den Hallen einer ehemaligen Brauerei und Konservenfabrik, der VEB Feinkost – auch sie hat die politische Wende nicht überlebt. Heute steht die Leuchtreklame unter Denkmalschutz, und auch das dazugehörige Gebäude hat es zumindest zum Teil geschafft, der Abrissbirne zu entkommen. Seit 2007 ist die Feinkost Stadtteil- und Kulturzentrum mit Freiluftkino, alternativen Läden und regelmäßig stattfindenden Märkten.

Wer mit offenen Augen die Altstadt entdeckt, gerät in die verschwiegenen Ecken, wo sich die Künstlerfürsten von morgen tummeln. Die Stadt schwirrt regelrecht vor himmelstürmenden Projekten und Ideen. Und in Berlin packen immer mehr Kreative die Umzugskartons.

MULDETAL UND KOHRENER LAND

Leipzig selbst ist mit seinen Parks und den Auenwäldern im Süden und Norden eine ungemein grüne Stadt, aber wer Lust auf noch mehr Grün und Land verspürt, fährt nach Grimma und folgt von dort den Mäandern der Mulde nach Süden, vorbei an stolzen Burgen wie Colditz und Rochlitz. Oder er besucht das Kohrener Land, wo die flache Leipziger Tieflandsbucht mit ihren zu einer Seenlandschaft umgestalteten, ehemaligen Tagebaugruben übergeht in die weichen Kuppen und gelegentlich gar schroffen Felsen des Sächsischen Hügellandes. Von manchen schaut eine Burg weit übers Land. Gnandstein oberhalb der Wyhra-Schleife ist eine solche. Sie ist die am besten erhaltene, romanische Burg Sachsens, über 800 Jahre alt und war, man staune, von 1409 bis 1945 in Besitz ein und derselben Familie: Die Familie Einsiedel war ein Geschlecht von niedrigerem Adel aber großem Wohlstand, besaß sie doch Silberminen im Erzgebirge. So erklären sich auch die kostbaren Altäre in der Burgkapelle und die reiche Ausstattung der Räume. Übrigens ist in Gnandstein ein Schatz verborgen: Ein Einsiedel bemühte deshalb sogar einen Hellseher in Brüssel, doch deutete er dessen Aussage falsch. Es bestehen also noch Chancen!

Beuchas Wehrkirche erhebt sich über einem ehemaligen Steinbruch. Auch das Völkerschlachtdenkmal in Leipzig wurde aus Beuchaer Granitporphyr errichtet

Leipziger Zoo

WILLKOMMEN IM ZOO DER ZUKUNFT

Seit 2000 wird der Zoo Leipzig nach einem dreistufigen Masterplan zu einem „Zoo der Zukunft" umgestaltet. Mit spektakulären Neueröffnungen wie der Kiwara-Savanne und der Tropenerlebniswelt „Gondwanaland" hat Zoodirektor Prof. Jörg Junhold der 1878 gegründeten Anlage ein spannend-modernes Image verpasst.

Jeder Zoo hat sein eigenes Konzept für möglichst artgerechte Tierhaltung. In Leipzig werden die einzelnen Tierarten nach ihrer geografischen Herkunft und möglichst „vergesellschaftet", also in einem gemeinsamen Lebensraum, gezeigt. Weg mit den alten Käfigen und hinaus in die (möglichst authentische) Natur! Die erste aufsehenerregende Neuerung im Zoo Leipzig war 2001 Pongoland, in dem alle vier Menschenaffenarten unter einem Dach leben und Wissenschaftler des Max-Planck-Instituts deren Verhalten erforschen. In der Kiwara-Savanne grasen seit 2004 Zebras, Antilopen und Giraffen friedlich wie in den Weiten Afrikas, während in der 2015 eröffneten Kiwara-Kopje nebenan Geparde mit Spitzmaulnashörnern und Husarenaffen auskommen. Und im Gondwanaland wuchert seit 2011 tropischer Regenwald in einer 34 Meter hohen und zwei Fußballfelder großen Halle. In ihr tummeln sich u.a. Zwergflusspferde, Leguane und Tapire im dich-

Totenkopfäffchen im Gondwanaland, einer Miniaturausgabe des tropischen Regenwaldes

ten Grün von über 24 000 Tropenpflanzen. Jüngstes Highlight ist die Südamerika-Abteilung mit Feuerland, in dem sich Pinguine und Robben tummeln. Was läuft hier anders als in anderen deutschen Zoos? Fragen an den Tierarzt und Zoodirektor Prof. Jörg Junhold, der seit 1997 im Leipziger Tierpark tätig ist:

Als Sie den Zoo 1997 übernommen haben, war er in einem stark sanierungsbedürftigen Zustand.

Prof. Junhold: Stark sanierungsbedürftiger Zustand ist richtig. Es gab einen Investitionsstau in den letzten

Jahren der DDR, und es musste eine grundlegende Entscheidung getroffen werden, wie es mit dem Zoo weitergeht.

Wie haben Sie es geschafft, die Stadt davon zu überzeugen, dass investiert wird?

Prof. Junhold: Wir haben uns beschäftigt mit modernen Entwicklungen ... was sind Trends bei den Zoos, was sind aber auch Freizeittrends, Besucherbedürfnisse, wie kann ich Marketingerfordernisse mit den inhaltlichen Themen zusammenbringen ... Als wir die Grundidee hatten, gab es politisches Werben. Ich glaube,

Prof. Jörg Junhold, Direktor und
Geschäftsführer des Leipziger
Zoos, im Gondwanaland (links).
Panoramablick von der Kiwara-
Lodge auf die Kiwara-Savanne,
der afrikanischen Savannen-
landschaft nachempfunden,
mit Rothschildgiraffen und
Grevyzebras (rechts)

der Durchbruch war das Gesamtkon-
zept mit einer zukunftsfähigen Idee
und einem konkreten Zeitplan.
*Anliegen eines modernen Zoos sind
Artenschutzprojekte und Nachzucht
bedrohter Tierarten. Wie sind Sie da
engagiert?*
Prof. Junhold: Der Artenschutz ist die
Grundidee hinter dem Ganzen, das
wir im Zoo Leipzig leben. Warum
gibt es den Zoo im 21. Jahrhundert?
Er hat zwei große gesellschaftliche
Aufträge: einerseits den Bildungsauf-
trag, den Menschen wilde Tiere, die es
nicht als Haustiere gibt, näherzu-
bringen, und andererseits den Arten-

»DER ZOO LEIPZIG GEHÖRT ZU DEN MODERNSTEN UND INNOVATIVSTEN TIERGÄRTEN DER WELT.«

Prof. Jörg Junhold

In der Elefantenanlage Ganesha Mandir (oben). Das Max-Planck-Institut für Evolutionäre Anthropologie erforscht im Leipziger Zoo das Verhalten der Menschenaffen (unten).

schutzauftrag. Der ist zweigeteilt. Zum einen haben wir eine gewisse Archefunktion und erhalten überlebensfähige Populationen außerhalb ihrer Lebensräume. Zudem haben wir als Zoo Leipzig ebenso wie alle anderen großen Zoos noch Projekte international, wo wir entweder selber als Betreiber auftreten oder Partner in einem Netzwerk sind. Wir verstehen uns als Zoogemeinschaft heute so, dass wir einen Ausschnitt aus den unterschiedlichsten Lebensräumen zeigen und unsere Tiere als Botschafter für ihre wild lebenden Artgenossen auftreten lassen, die heute hoch bedroht sind. Das alles zusammen ge-

nommen macht aus meiner Sicht die gesellschaftliche Funktion des Zoos aus. Weg vom reinen Schaubetrieb und hin zum Emotionen wecken und Verantwortung übernehmen.

Welche Besonderheiten des Zoo Leipzig rühren aus der langen Geschichte und vor allem aus der DDR-Zeit her?

Prof. Junhold: Da ist zum einen die prägende Architektur aus der Gründerzeit, die Kongresshalle, das Tieraffenhaus, das jetzt Koala-Haus ist, das Aquarium, das ehemalige Raubtierhaus, heute als Bildungszentrum genutzt. Nach dem Zweiten Weltkrieg wurde der Zoo als Landschaftszoo im Rosental geöffnet, wo es das „Zooschaufenster" gibt. Historisch war der Leipziger Zoo stets ein Raubtierzoo und berühmt für Löwenzucht, Bärenzucht, Hyänen und ab 1968 die Zucht von Amur-Tigern, und das ist heute noch typisch. Hier wurden mehr als 350 Tiger geboren ... Außerdem halten wir Schneeleopard, Amur-Leopard, Ozelot – alles, was Katzen bzw. Raubtiere sind, das ist schon etwas Prägendes.

Sie haben 2011 mit Gondwanaland und 2015 mit dem Kiwara-Kopje spektakuläre neue Bereiche eröffnet, die wahre Besuchermagneten sind. Wie sieht der Ausblick für die nächsten fünf Jahre aus?

Prof. Junhold: Weitere Bereiche sollen bis 2020/2021 umgestaltet werden, besonders Südamerika. Tierhaltung soll überall artgemäß sein und, wenn möglich, naturnahe Lebensräume mit vergesellschafteten Arten zeigen. Aber wir müssen auch im Blick behalten, was die Besucher erwarten, was die Digitalisierung bringt. Die weichen Faktoren wie Service, Erlebnis, Zeitgeist, gesellschaftliche Werte werden uns neben der Tierhaltung weiterhin beschäftigen. Sie sind möglicherweise sogar dynamischer als die klassische Tierhaltung.

Was sind Ihre liebsten Bereiche im Zoo?

Prof. Junhold: Pongoland, da sind wir in Sachen Menschenaffenhaltung führend. Auch die Kirawa-Savanne gehört zu meinen Favoriten. Und natürlich Gondwanaland, das die modernsten Entwicklungen der Tierhaltung und der Tiergärtnerei spiegelt.

Informationen

. . . .

Zoo Leipzig, Pfaffendorfer Straße 29, Tel. 0341 593 35 00, www. zoo-leipzig.de; Mai–Sept. tgl. 9.00–19.00, April und Okt. tgl. 9.00–18.00, Nov.–März tgl. 9.00–17.00 Uhr
1878 wurde am Rosental vom Leipziger Gastwirt Ernst Pinkert ein Zoologischer Garten gegründet. Heute umfasst der Zoo 26 ha. Durch das 1976 erbaute „Zoo-Schaufenster" können Rosental-Spaziergänger u. a. Lamas, Kamele und Strauße beobachten.

Gondwanaland, eine Miniaturausgabe eines tropischen Regenwaldes, ist dem urzeitlichen Dschungel nachgebildet, der vor 150 Millionen Jahren den Urkontinent Gondwana prägte.

IN DER STADT DER HELDEN

Die einstige Handelsmetropole sieht sich selbst gerne als Stadt der Helden, schließlich gingen von ihr maßgebliche Impulse zum Sturz des SED-Regimes aus. Die Nikolaikirche, Brennpunkt der Proteste, zählt zu den bedeutendsten Sehenswürdigkeiten, ebenso wie Johann Sebastian Bachs Wirkungsstätte, die Thomaskirche. Als Zeugnisse der jahrhundertealten Messetradition erstrahlen historische Durchhöfe und Passagen in restauriertem Glanz.

● Allgemein

Die Stadtgeschichte begann um 1015 mit der Gründung einer Burg an der Kreuzung zweier Handelsstraßen. 100 Jahre später verlieh Markgraf Otto von Meißen das Stadtrecht, und 1497 wurde Urbs Lipzi zur Messestadt erhoben. Im 17. Jh. durch den Dreißigjährigen Krieg und den Ausbruch von Seuchen geschwächt, erblühte Leipzig unter August dem Starken im 18. Jh. zur Kunst- und Kulturstadt, in der zahlreiche Dichter, Musiker und Wissenschaftler wirkten. 1813 schlug sich vor den Toren Leipzigs Napoleon mit dem Rest Europas – in der Völkerschlacht. Ein weiteres Mal erholte sich die Stadt schnell und entwickelte das Messewesen 1895 durch die Umstellung von einer Waren- auf die Mustermesse. In der DDR-Ära verloren Messe und Industrie einen Teil ihrer Märkte und damit an Bedeutung. 1989 erzwangen die Leipziger mit Friedensgebeten und Montagsdemonstrationen den politischen Wandel.

INFORMATION
Tourist-Information, Katharinenstraße 8, 04109 Leipzig, Tel. 0341 710 42 60, www.leipzig.travel

● Sehenswert

AUGUSTUSPLATZ
Sachliche Architektur prägt Leipzigs lebhaftesten ❶ Platz, der mit **Oper** (1956–1960), **City-Hochhaus** (142 m, 1975) und **Neuem Gewandhaus** (1977–1981) die sozialistische Moderne spiegelt. Neobarock präsentiert sich der 1886 errichtete **Mendebrunnen.** Hinter der Glasfassade des 2016 vollendeten **Paulinums** liegen Aula und Andachtsraum der Universität. Die Fassade nimmt die Umrisse der historischen Paulinerkirche auf, die Walter Ulbricht 1968 sprengen ließ.
Mehreren Bauphasen vom 12. bis zum 18. Jh. verdankt die ❷ **Nikolaikirche** ihre Gestalt. Das Innere verwandelte Johann Friedrich Carl Dauthe in eine klassizistische Symphonie in Weiß, Hellgrün und Rosé; die Fresken stammen von Adam Friedrich Oeser. In der Nikolaikirche fanden ab 1982 die Friedensgebete statt, aus

denen sich 1989 die Leipziger Montagsdemonstrationen entwickelten.

ALTES ZENTRUM
Seit Mitte des 16. Jh. ist der ❺ **Markt** Mittelpunkt der Stadt. Damals entstand unter Ägide des Bürgermeisters und Stadtbaurats Hieronimus Lotter (1497–1580) der Renaissancebau des **Alten Rathauses** mit seinen charakteristischen Traufgiebeln und dem Mittelturm. An der Nordseite fällt das von einem viergeschossigen Staffelgiebel gekrönte **Haus Alte Waage** (1555) ins Auge. Ihm gegenüber schmückt das **Königshaus** (1610) die Südseite; der Barockbau beherbergte zahlreiche gekrönte Häupter und nach der Völkerschlacht auch den besiegten Napoleon.
Die ❸ **Mädlerpassage,** die wohl bekannteste Leipziger Passage, ging aus dem im 16. Jh. errichteten Auerbachs Hof hervor, einem Handelshof, in dem kostbare Waren wie Seide, Juwelen und Spitze den Besitzer wechselten. Im Weinlokal **Auerbachs Keller** ereignete sich 1525 der angebliche Ritt des legendären Magiers Dr. Faustus auf einem Weinfass, Vorbild für Goethes „Faust". Heute verbindet die ab 1911 zum Messehaus umgestaltete, ele-

gante Passage den **Naschmarkt** mit dem **Neumarkt** und der Petersstraße. Dem Naschmarkt-Eingang gegenüber stehen ein Goethedenkmal (1903) und die zierliche barocke **Alte Börse** (bis 1687).
Wie die Nikolaikirche ist auch die ❹ **Thomaskirche,** Johann Sebastian Bachs Wirkungsstätte, ein Konglomerat unterschiedlicher Stile, begonnen mit der Romanik, umgestaltet in der Gotik und Renaissance und zuletzt Ende des 19. Jh. klassizistisch überformt. Bach (1685 bis 1750) war von 1723 bis 1750 hier Organist und Kantor. Sein Grab befindet sich im Chor des Gotteshauses. Weltbekannt ist der Thomanerchor, der regelmäßig die Motetten gestaltet. **Barthels Hof** (Urspr. um 1525), die Passage zwischen Markt, Hainstraße und Kleiner Fleischergasse, ist als einziger Durchhof der Zeit der Warenmessen erhalten. Er wurde im 18. Jh. aus mehreren Gebäuden zusammengefasst und diente u. a. als Warenlager und Wohnhaus.

Augustusplatz mit Paulinum und City-Hochhaus (oben). Goethe ziert den Naschmarkt (rechts oben). Auf dem Karl-Heine-Kanal (rechts unten)

● Museen

Leipzig besitzt eine Vielzahl interessanter Museen. Die nachfolgend genannten sind besonders besuchenswert.

Das Mitte des 19. Jh. von wohlhabenden Bürgern gegründete **7 Museum der Bildenden Künste** residiert heute in einem gläsernen Kubus (Architekten Hufnagel Pütz Rafaelian) und zeigt dort Werke des Spätmittelalters

Tipp

Mit dem Trabi durch Leipzig

Man muss nicht mehr 15 Jahre darauf warten, aber rechtzeitig reservieren sollten Sie Ihren Trabi schon, wenn Sie mit ihm eine Rundfahrt durch Leipzig unternehmen möchten! Wem die Technik des DDR-Kultautos nicht so ganz geheuer ist, der kann sich auch der Routine eines erfahrenen Trabi-Fahrers und Stadtführers anvertrauen.

INFORMATION
Trabi erleben, Tel. 0341 14 09 09 22, www.trabi-erleben.de; Selbstfahrer ab Leipziger Innenstadt 30 €/Std., Stadtrundfahrt bei drei Pers. 35 €/Pers./Std.

bis zur Moderne. Ein Schwerpunkt sind die Arbeiten der Künstler der Neuen Leipziger Schule um Neo Rauch (Katharinenstraße 10, www.mdbk.de; Di. und Do.–So. 10.00–18.00, Mi. 12.00–20.00 Uhr).

Die Ausstellung im Bohse-Haus, dem ältesten Gebäude des Thomaskirchhofs, widmet sich als **4 Bach-Museum und -Archiv** dem Leben und Wirken des begnadeten Komponisten (Thomaskirchhof 15, www.bachmuseum leipzig.de; Di.–So. 10.00–18.00 Uhr).

Das 1929 eröffnete **8 Grassimuseum** besteht aus drei Einzelsammlungen, dem Museum für Angewandte Kunst, dem Museum für Völkerkunde und dem Museum für Musikinstrumente. Mit über 90 000 Exponaten des Kunsthandwerks – von der Antike bis zur Moderne – zählt das Museum für Angewandte Kunst weltweit zu den größten seiner Art (Johannisplatz 5, www.grassimuseum.de; Di.–So. 10.00 bis 18.00 Uhr).

Leipziger Bürger besetzten am 4. Dez. 1989 die **Runde Ecke,** Leipzigs Stasi-Zentrale, und verhinderten damit die Vernichtung der hier angelegten Akten. Heute demonstriert das **6** Museum, wie akribisch und miefig die Staatssicherheit die Überwachung gestaltete (Dittrichring 24, www.runde-ecke-leipzig.de; tgl. 10.00–18.00 Uhr).

● Erleben

Die **Freitagsmotette des Thomanerchors** (www.thomanerchor.de) erklingt Fr. 18.00 Uhr, Wiederholung Sa. 15.00 Uhr; außerdem Gottesdienst So. 9.30 Uhr.

Neben der **Leipziger Buchmesse** selbst ist vor allem das Rahmenprogramm „Leipzig liest" mit über 300 Veranstaltungen an ungewöhnlichsten Orten spannend (Programm auf www.leipziger-buchmesse.de).

Karten für die Konzerte des **Gewandhausorchesters** sollten rechtzeitig vorbestellt werden (www.gewandhausorchester.de). Auch der Besuch eines **Kabaretts** gehört ins Leipzigprogramm, der Academixer (www.academixer.com) beispielsweise.

Nachtschwärmer finden an der „Karli" (Karl-Liebknecht-Straße) jede Menge Auswahl und Programm, von alternativ im Kulturzentrum „naTo" (www.nato-leipzig.de) bis zum „Irish Pub Killiwilly" (www.killiwilly.de). Angesagt ist auch „Ilses Erika", ein winziger Kellerclub in Connewitz (www.ilseserika.de).

An einem Besuch des **Leipziger Zoos TOP-ZIEL** geht kaum ein Weg vorbei (s. S. 82).

● Hotels & Restaurants

UNTERKUNFT
Ideal für Selbstversorger, die das top-moderne Interieur der Apartments und den fantastischen Blick über den Augustusplatz schätzen, ist das € € € **Abito Suites** (Grimmaische Straße 16, 04109 Leipzig, Tel. 0341 985 27 88, www.abito.de). Aufmerksam geführt liegt das € € € **Best Western Leipzig City Center** unweit des Bahnhofs (Kurt-Schumacher-Straße 3,

Völkerschlachtdenkmal bei Nacht (links). Im Kanupark in Markkleeberg (rechts oben). Auf der Leipziger Buchmesse (rechts unten)

04105 Leipzig, Tel. 0341 12 51 0, www.best western-leipzig.de). Zentraler als im € € **Motel One Leipzig Nikolaikirche** kann man kaum wohnen (Nikolaistraße 23, 04109 Leipzig, Tel. 0341 337 43 70, www.motel-one.com). Das Hostel € **Blauer Stern** in Plagwitz spielt geschickt mit DDR-Nostalgie (Lindenauer Markt 20, 04177 Leipzig, Tel. 0341 49 27 61 66, www.hostel-blauer-stern.de).

RESTAURANTS
Alleine wegen des Blicks empfiehlt sich das schicke Restaurant € € € **Panorama Leipzig** mit moderner Kreativküche (Augustusplatz 9, Tel. 0341 710 05 90, www.panorama-leipzig.de). Obwohl sehr touristisch, gehört € € **Auerbachs Keller** zum Pflichtprogramm in Leipzig, und die sächsische Küche ist von guter Qualität (Grimmaische Straße 2, Tel. 0341 21 6100, www.auerbachs-keller.de). Das € € **Stelzenhaus** in Plagwitz liegt am Kanal und bringt kreative Crossover-Küche auf den Tisch (Weißenfelser Straße 65h, Tel. 0341 492 44 45, www.stelzenhaus-restaurant.de). Auch in der € € **Drogerie** wirbelt ein sehr kreativer und multinational kochender Chef (Schillerweg 36, Tel. 0341 22 28 64 66, www.drogerie-leipzig.net). Soljanka, Fettbemme oder Würzfleisch im Retro-Ambiente gibt es in der € **Gaststätte Kollektiv** – nur die Getränke stammen nicht aus der alten DDR (Karl-Liebknecht-Straße 72, Tel. 0341 306 70 04, www.gaststaette-kollektiv.de).

Umgebung

1913 weihte Kaiser Wilhelm II. das **9 Völker-schlachtdenkmal** ein. Bruno Schmitz entwarf den 91 m hohen Monumentalbau, der im Süden Leipzigs an die Völkerschlacht (16.–19. Okt. 1813) und ihre 120 000 Gefallenen erinnert. 10 m hohe Kolossalfiguren beherrschen die Ruhmeshalle, ein Relief mit 324 lebensgroßen Reiterfiguren rahmt die Kuppelhalle darüber. Von der Aussichtsplattform in 90 m Höhe (Treppen und Lift) blickt man über das davor angelegte Wasserbecken auf Leipzigs Silhouette (Straße des 18. Oktober 100, www.stadtgeschichtliches-museum-leipzig.de; April–Okt. tgl. 10.00–18.00, Nov.–März tgl. 10.00–16.00 Uhr).

Das **10 Leipziger Neuseenland** entstand nach Flutung der Tagebaugruben im Süden Leipzigs. Wo früher Riesenbagger Kohle gruben, locken heute Seen, Strände und Wanderwege in die der Natur zurückgegebene Heidelandschaft. Höhepunkte bei Markkleeberg (Tourist-Information Neuseenland, Rathausstraße 22, 04416 Markkleeberg, Tel. 0341 710 42 60, www.neuseenland.de): die Raftinganlage (www.kanupark-markkleeberg.com) und der Vergnügungspark Belantis (www.belantis.de).

In **11 Wurzen** erinnert der Ringelnatzbrunnen am Markt an den prominenten Mitbürger Hans Böttcher (1883–1934), der unter dem Pseudonym Joachim Ringelnatz schrieb. Zahlreiche Brände haben die Renaissancestadt und ihren Markt beschädigt, einige ansehnliche historische Häuser sind dennoch erhalten. Sehenswert ist auch der Dom St. Marien (12. und 16. Jh.) mit zwei Chören.

In **12 Grimma** beginnt das **Muldental,** in dem sich malerische Orte und Burgen reihen. Das Renaissancestädtchen war mehrmals von Überschwemmungen betroffen, hat aber sein historisches Stadtbild vor allem um den Marktplatz bewahrt. Südl. Grimmas träumen die Ruinen des **Zisterzienserinnenklosters Nimbschen** an der Mulde vor sich hin. In dem im 12. Jh. gegründeten Konvent lebte Katharina von Bora, die spätere Ehefrau Luthers, bis ihr 1523 mit weiteren Ordensschwestern die Flucht gelang. Über **13 Colditz** herrscht das gleichnamige Renaissanceschloss. Heute beleben Jugendherberge und Musikschule den historischen Bau. Letzte Station im Muldental ist **14 Rochlitz,** dessen rötlicher Porphyr vielen Gebäuden in Sachsen ihre Farbe verleiht. Auf Schloss Rochlitz sind vor allem Schlosskapelle und Fürstenhaus beachtenswert, beide aus 15. und 16. Jh. (www.schloss-rochlitz.de; Mitte März–Okt. Di.–Fr. 10.00 bis 17.00, Sa. und So. 10.00–18.00 Uhr).

Das Kohrener Land präsentiert sich als sanfte Hügellandschaft. Hier hat Töpferei eine lange Tradition. Hoch über dem gleichnamigen Ort wacht **15 Burg Gnandstein** seit dem 12./13. Jh., gebaut zur Sicherung der Handelsstraße nach Leipzig, heute in Teilen Burghotel mit Restaurant. Sehenswert sind vor allem die Burgkapelle mit Keramikboden und drei prunkvollen, spätmittelalterlichen Altären (www.burg-museum-gnandstein.de; Mitte März–Okt. Di. bis Fr. 10.00–17.00, Sa. und So. 10.00–18.00 Uhr).

BLÜHENDER TAGEBAU

Früher prägten Tagebaulöcher und Riesenbagger Leipzigs Süden. Heute haben sich die meisten Wunden des Kohletagebaus in idyllische Seen mit hohem Freizeitwert verwandelt. Eine 96 Kilometer lange Radtour führt durch diese sich immer noch verändernde Landschaft.

Früh starten empfiehlt sich; die Tour ist ziemlich lang. Da sie aber fast durchwegs auf flachem Land verläuft, stellt sie nur geringe Ansprüche an die Kondition. Von Markkleeberg folgt die Route dem Markkleeberger See – einem der ersten der gefluteten Tagebaulöcher – nach Südosten, vorbei am Kanupark mit seinen rassigen Stromschnellen. Nach Überquerung der Autobahn A 38 lockt ein Abstecher zum Bergbau-Technik-Park in Großpösna, bevor man dem Ostufer des Strömthaler Sees nach Süden folgt. Die darauf schwimmende Kirche erinnert an den Ort Magdeborn, der an genau dieser Stelle durch den Tagebau überbaggert wurde. Die Route verläuft weiter nach Südosten und erreicht bei Trages die Halde Trages, mit 231 Meter die höchste Erhebung im Leipziger Neuseenland. Der Aussichtsturm auf dem Plateau eröffnet einen weiten Rundblick über die Tagebauseen.

Im Bergbau-Technik-Park bei Großpösna im Leipziger Neuseenland

In Borna, ca. bei Kilometer 30, ist Zeit für eine Pause: Das 1723 erbaute Reichtor, die im Kern romanische Stadtkirche sowie der hübsche Marktplatz laden zur Rast. Im folgenden Abschnitt passiert die Route zunächst den Hasselbacher See und, sich wieder nordwärts wendend, den Groitzscher See sowie den einzigen noch aktiven Tagebau im Leipziger Süden, Vereinigtes Schleenhain (rechts). Hinter Groitzsch verläuft unsere Tour nun auf dem Elsterradweg, folgt dann dem Westufer des Zwenkauer Sees, passiert den Vergnügungspark Belantis und erreicht schließlich am Süd- und Ostufer des Cospudener Sees entlang den Ausgangspunkt.

Start- und Endpunkt: Markkleeberger See
Länge: 96 km zumeist auf Rad-, Feld- und Waldwegen
Anspruch: leicht, Steigung gesamt 515 m
Bergbau-Technik-Park, Großpösna: www.bergbau-technik-park.de; Do. und Fr. 10.00–17.00, Sa. und So. 10.00–18.00 Uhr

Erzgebirge

*

ES ERHOB SICH BERGGESCHREY

*

In Oberwiesenthal leuchten Schwibbögen und Lichtfiguren weihnachtlich um die Wette. Auf dem Fichtelberg fahren die Lifte, Loipen sind gespurt. Der einst landschaftsbestimmende Bergbau sieht sich auf Museen und Wissenschaft zurückgedrängt.

Das 250-jährige Jubiläum der Technischen Universität und Bergakademie in Freiberg wurde mit einer Bergparade gefeiert.

Die Schachtanlage „Reiche Zeche" wird als Teil des Bergwerks Himmelfahrt von der Freiberger Bergakademie als Lehr-, Forschungs- und Besucherbergwerk genutzt.

Oberwiesenthal in seinem Winkel, der gern auch Sächsisch-Sibirien genannt wird, hat Glück gehabt: Als nach 400 Jahren überhaupt nichts mehr lief mit dem Silbererzabbau, gründete sich 1906 der Skiclub und trommelte so laut für das schneesichere Örtchen, dass auf dem Fichtelberg bereits fünf Jahre später die ersten Skimeisterschaften stattfanden. Seit 1926 schaufelt Deutschlands erste Schwebebahn, die „Himmelsleiter", Skifahrer auf den Berg. Die DDR stählte in Oberwiesenthal die Elite des Wintersports. Deren Aushängeschild, der Skispringer und Olympiasieger Jens Weißflog, führt heute ein Hotel im Ort – das ehemalige Gästehaus des Stasi-Chefs Erich Mielke. Längst nennt man sich Kurort, und als Etappe auf dem MTB-Trail „Stoneman Miriquidi" macht man auch sommers als Trendsportziel Furore.

BERGBAU IM DUNKELWALD

Der Erzgebirgsbergbau – hier Zinn, dort Silber, aber auch Wismut und Kobalt – setzte zwischen dem 12. und dem 16. Jahrhundert ein. Das Kleine, erste dokumentierte Berggeschrey hallte 1168 durch die deutschen Lande, als man beim späteren Freiberg mitten im Dunkelwald – so hieß das Erzgebirge damals – Silbererz entdeckte. Die Kunde verbreitete sich rasend schnell, Glücksritter

zogen in Scharen herbei. Da jeder seiner eigenen Grube Schmied war, entstanden binnen Kurzem wahre Mondlandschaften – die Bilder auf dem Bergmannsaltar in St. Annen in Annaberg-Buchholz sind beredtes Zeugnis von apokalyptisch entwaldeten Hängen und Tälern. Und ab und an stürzte diese durch- und unterwühlte Oberfläche einfach ein, wie die Altenberger Pinge demonstriert.

Im 15. Jahrhundert ertönte das zweite, diesmal Große Berggeschrey: Silbervorkommen an Schneeberg und Schreckenberg! Die Abbautechniken wurden verfeinert, und man begann mit Schwarzpulver zu schießen – nicht auf Hasen, sondern auf Gestein, denn so nennt der Bergmann das Sprengen. Wie weit sich wer vorwagen, in welchem Segment er arbeiten durfte, bestimmten die Markscheider, deren Vermesstechniken als Geheimwissenschaft gehütet wurden. Bis der aus Glauchau stammende Universalgelehrte Georgius Agricola in „De re metallica" 1556 den Trick verriet: Sie bedienten sich eines Setzkompasses.

ERZGEBIRGSMUSEEN ERZÄHLEN

Im Silberboom entstanden neue Städte, prachtvolle Kirchen und zum Schutz der Wege unzählige Burgen, in denen heutzutage häufig Museen auf Besucher warten. Die meisten widmen sich dem

Am Freiberger Obermarkt steht das im Ursprung gotische Rathaus und seit 1867 das Brunnendenkmal mit vier Bronzelöwen.

Die Freiberger Berg- und Hüttenparade gibt es seit Jahrhunderten zu wichtigen städtischen Anlässen und Festterminen.

Die Weißeritztalbahn – sie verkehrt auf der 15 km langen Strecke zwischen Dippoldiswalde und Freital-Hainsberg – auf der Brücke Bormannsgrund beim Überqueren eines Seitenarms der Talsperre Malter.

Auf fast 1200 Metern liegt das Traditionshotel „Sachsenbaude"
hoch über dem Kurort Oberwiesenthal.

Weihnachtsstimmung im
Erzgebirgischen
Spielzeugmuseum:
Seiffens Oktogonkirche

Als traditionsreicher
Wintersportort bietet
Oberwiesenthal einen
zünftigen Skifasching.

Der fast 1215 Meter hohe Fichtelberg ist Sachsens höchster Erzgebirgsberg:
Gipfelplateau mit Fichtelberghaus.

Bergbau oder der Kunst der Drechsler und Schnitzer. Denn immer, wenn die Erzadern versiegten oder der Marktpreis für die Metalle fiel, griffen die Bergleute zur Drechselbank und zum Schnitzmesser und schufen einen unermesslichen Kosmos kleiner Holzfiguren, in dem sich ihre Lebenswelt spiegelte. Kräftige Männer, die Gestein zertrümmert hatten, beim filigranen Schnitzen von Alltagsszenen, die in Streichholzschachteln Platz finden – ist das nicht absurd?

VON HEIMARBEIT ZUM EXPORTPRODUKT

Holzware aus dem Erzgebirge gelangte in den Handel und weit über die Landes-grenzen hinweg. In der Region um das heutige Spielzeugdorf Seiffen fing die Spielwarenherstellung im 18. Jahrhundert das Ende des Erzabbaus nahezu auf. Ganze Familien waren involviert und spezialisierten sich auf einzelne Arbeitsprozesse – Weißbauer stellten den „Rohling" her, Maler bemalten ihn mittels Schablonen, die einen schnitzten Tiere, andere Menschen. Diese „Füll- und Schachtelware" expedierten Verleger, die fast alle im nahen Olbernhau lebten, zu den großen Messen in Leipzig und Frankfurt am Main. Ein Verkaufshit im 19. Jahrhundert war beispielsweise die Arche Noah, die praktischerweise zugleich als Transportbox für die Schnitz-

tiere diente. Das Gehäuse gestalteten viele Künstler als rührende Replik eines erzgebirgischen Fachwerkhauses.

In der „Manufaktur der Träume", dem wohl künstlerisch bedeutendsten Spielzeugmuseum des Erzgebirges, in Annaberg-Buchholz, stehen die prunkvollsten Beispiele dieser Volkskunst wie die „Lichtertürken", auf die sich eine Familie Puttscher Ende des 19. Jahrhunderts spezialisiert hatte und die heute ebenso prächtig wie politisch unkorrekt erscheinen. Die Spielzeugherstellung hatte bereits im 17. Jahrhundert, lange vor der Industrialisierung, einen hohen Grad an Arbeitsteilung erreicht, den sie bis heute beibehalten hat. In den vielen Seiffener

Erzgebirgsblick auf Crandorf bei Schwarzenberg

Schauwerkstätten sehen Besucher Kunsthandwerkern zu, die einen Engelflügel nach dem anderen bemalen. Oder Hunderten von Osterhasenköpfen die Ohren aufkleben.

VOM BERGWERK ZUM WELTERBE

Ähnlich zahlreich wie Burgen sind im Erzgebirge „Montandenkmale" anzutreffen. Zusammen mit tschechischen Nachbargemeinden haben die sächsischen Erzgebirgsorte 2014 eine 1430 Seiten umfassende Dokumentation bei der UNESCO vorgelegt, die 79 deutsche und sechs tschechische „Bestandteile" der Montanlandschaft auflistet. Sie wurden 2019 als grenzübergreifendes Weltkulturerbe anerkannt. Ein wichtiger Aspekt dabei ist, dass die mit dem Bergbau verbundenen Traditionen wie eben die Spielzeugherstellung nach wie vor lebendig sind. Ebenso wie die seit 1765 bestehende Bergakademie Freiberg, heute Technische Hochschule mit den Schwerpunkten Geo, Material, Energie und Umwelt. Für das lebhafte Städtchen Freiberg ein Glücksfall, denn Lehre und Forschung befördern die Ansiedlung innovativer Unternehmen und junger Menschen. Für das von Abwanderung und Überalterung bedrohte Erzgebirge ein positiver Ausblick auf die Zukunft – mit oder ohne Welterbestatus.

Kunstvolles Flechten

Ein Denkmal auf dem Marktplatz von Annaberg erinnert an die Unternehmerin Barbara Uthmann, die den Frauen im 16. Jahrhundert neue Perspektiven eröffnete: Sie lehrte sie das Klöppeln.

Soweit jedenfalls die Legende. Barbara Uthmann (1514–1575), wohlhabende Witwe und Erbin eines Grubenbesitzers, erkannte die Zeichen der Zeit, als der Bergbau immer weniger Gewinn einbrachte: Von einer Dame aus Brabant hatte sie angeblich

das Klöppeln gelernt und gab diese Fertigkeit an die Frauen aus Annaberg und Umgebung weiter. Sie besorgte als Verlegerin den Vertrieb der Ware und verschaffte so über 900 Frauen Lohn und Brot. International konnte erzgebirgische Spitze allerdings nicht mit den wesentlich feiner gearbeiteten Produkten aus Österreich oder Flandern und später maschinell hergestellten Spitzen konkurrieren, und so blieb ihr der große Durchbruch verwehrt. Nur in Schneeberg gelang Ende des 19. Jahrhunderts die Entwicklung einer von Jugendstilelementen geprägten „Schneeberger Spitze", die sich auch kommerziell durchsetzen konnte. Heute ist das Klöppeln mehr Hobby denn Gewerbe. In fast jedem Erzgebirgsort unterrichten Klöppelschulen die filigrane Kunst. Die traditionsreichste ist natürlich die nach Barbara Uthmann benannte in Annaberg, an der man auch als Feriengast Klöppeln lernen kann.

Trailcenter Rabenberg am
Mountainbiketrail Stoneman
Miriquidi

Die Schnitzerei hat – in unterschiedlichster
Ausprägung – eine jahrhundertelange Tradition
im Erzgebirge: der Schwarzenberger
Holzbildhauermeister Hartmut Rademann in
seiner Schauwerkstatt (oben) und in der
Seiffener Schauwerkstatt Manufaktur Richard
Glässer (unten).

Burg Wolkenstein über dem Zschopautal: Die mittelalterliche Höhenburg wurde
Mitte des 16. Jahrhunderts zum Renaissanceschloss umgebaut.

Die gemütlichsten Freisitze

CHILLEN UNTER KASTANIEN

Wo lässt der Sachse den lieben Gott einen guten Mann sein? Beim Bier oder einem „Schälchen Heeßen" in einem Freisitz. Mit unseren Vorschlägen laden wir Sie in die am schönsten gelegenen Freisitze Sachsens ein!

① Ein kleiner grüner Postwagen

„Rumlungern und genießen" sollen die Gäste am Elsterbecken im Richard-Wagner-Hain. Nach einer entspannten Radtour die Elster entlang quer durch Leipzig gibt es kaum Schöneres, als an dem grün gestrichenen Postwagen anzuhalten und zu gucken, was die emsige Betreiberin Rebecca Maria Salentin Leckeres gebacken hat.

€ Kiosk ZierlichManierlich, Richard-Wagner-Hain, Leipzig, www.zierlich manierlich.de, April–Okt. 10.00–20.00 Uhr, nur bei schönem Wetter

② Eine Gose im Schrebergarten

Das „Schreber's" im Erdgeschoss des bereits 1896 eingeweihten Schrebervereinsheims liegt unter hohen Bäumen, wo das vom Fass gezapfte Urkrostitzer oder die Döllnitzer Gose jede Hektik vergessen lässt. An heißen Tagen wählt man besser die erfrischend-kalte Gurkensuppe – eine Spezialität im „Schreber's".

€ Schreber's, Achener Straße 7, Leipzig, Tel. 0341 961 13 24, www.schrebers. com; Sommer Mi.–Fr. ab 16.00, Winter Mi.–Fr. ab 17.00, Sa. und So. ab 11.00 Uhr

③ Im Schatten des Blauen Wunders

Schon im 18. Jahrhundert begeisterte das Fleischersche Schankgut Gäste mit seiner guten Küche und dem herrlichen Elbblick – den Dichter Friedrich Schiller, der zwischen 1785 und 1787 hier häufig verkehrte, begeisterte außerdem die Wirtstochter Gustel, die er später im „Wallenstein" mit einem Auftritt als Marketenderin verewigte. Ende des 19. Jahrhunderts wurde neben dem in „SchillerGarten" umbenannten Gasthof die damals heftig umstrittene Brücke „Blaues Wunder" errichtet. Wer heute unter schattigem Platanendach zum Sächsischen Sauerbraten sein Feldschlösschen Maibock trinkt und hinüberschaut zum Loschwitzer Elbufer, hat die kühne Stahlbrücke stets im Blick.

€ € SchillerGarten, Schillerplatz 9, Dresden, Tel. 0351 81 19 90, www. schillergarten.de; tgl. 11.00 bis 1.00 Uhr

④ Volksnah und rustikal

Direkt gegenüber vom „SchillerGarten" ist einiges anders. Das Speisenangebot beispielsweise – die Gäste können zwischen Deftigem wählen. Das Bier stammt aus allen Ecken Sachsens, den Schatten spenden Kastanien, und wer vergisst, sein bestelltes Essen abzuholen, wird vom Koch mit Geklingel erinnert.

€ Demnitzer Elbegarten, Friedrich-Wieck-Straße 18, Dresden, Tel. 0351 210 64 43, www.elbgarten.de, Mo.–Fr. 12.00–23.00, Sa. und So. 11.00–23.00 Uhr

⑤ Über den Dächern von Pirna

Der mit schicken weißen Schirmen überdachte Freisitz in spektakulärer Lage über der Altstadt von Pirna auf dem Hornwerk des Schlosses Sonnenstein ist ein klassisches Schönwetter-Ausflugslokal, dessen Gäste sich nicht sattsehen können an dem wunderbaren Altstadtpanorama zu ihren Füßen. Das schätzten die Pirnaer Mannsbilder bereits im 17. Jahrhundert, wurde hier doch überschüssiges Bier aus der Schlossbrauerei ausgeschenkt. Heute kommt das Bier unter anderem von Radeberger, dazu stehen Biergartenklassiker wie Bratwurst auf der Speisekarte.

€ € Biergarten Schlossschänke Pirna, Schlosshof, Pirna, Tel. 03501 636 90 47, www.schlossschaenke.com; Mai–Sept. tgl. 10.00 bis 22.00, März, April und Okt. tgl. 12.00–19.00 Uhr

⑥ Romantik im Weinberg

Auch die Terrasse des „Spitzhauses" hoch über Radebeul zählt zu unseren Lieblingsfreisitzen in Sachsen, wenngleich wir nur zu besonderen Gelegenheiten auf dieser spektakulären Aussichtsplattform unter Linden Platz nehmen. Das „Spitzhaus" gehört nämlich zu den besten Restaurants hier, und es steht einem ja nicht immer der Sinn nach feinster Kost. Wenn die Sonne untergeht, färbt sie Radebeul am Fuße der Weinhügel in satte, tiefe Töne, und schließlich leuchten nur noch die Straßenlaternen herauf – romantischer kann man nicht speisen!

€ € € Spitzhaus Radebeul, Spitzhausstraße 36, Radebeul, Tel. 0351 830 93 05, www.spitzhaus-radebeul.de; Mo. und Mi.–Sa. 11.00–23.00, So. 11.00–22.00 Uhr

⑦ Auf dem Balkon von Chemnitz

Dass in Chemnitz' größtem Biergarten „Das Pils der Chemnitzer" ausgeschenkt wird, versteht sich von selbst, und auch sonst sind die Biere des Chemnitzer Traditionsbrauhauses Einsiedler gut vertreten. Würzfleisch, Gänseleberburger oder Omas Weißkrauteintopf sind typisch sächsische Vertreter auf der Speisekarte.

€ Miramar-Biergarten, Schlossberg 16, Chemnitz, Tel. 0371 330 15 21, www.miramar-chemnitz.de; tgl. 11.00–23.00 Uhr

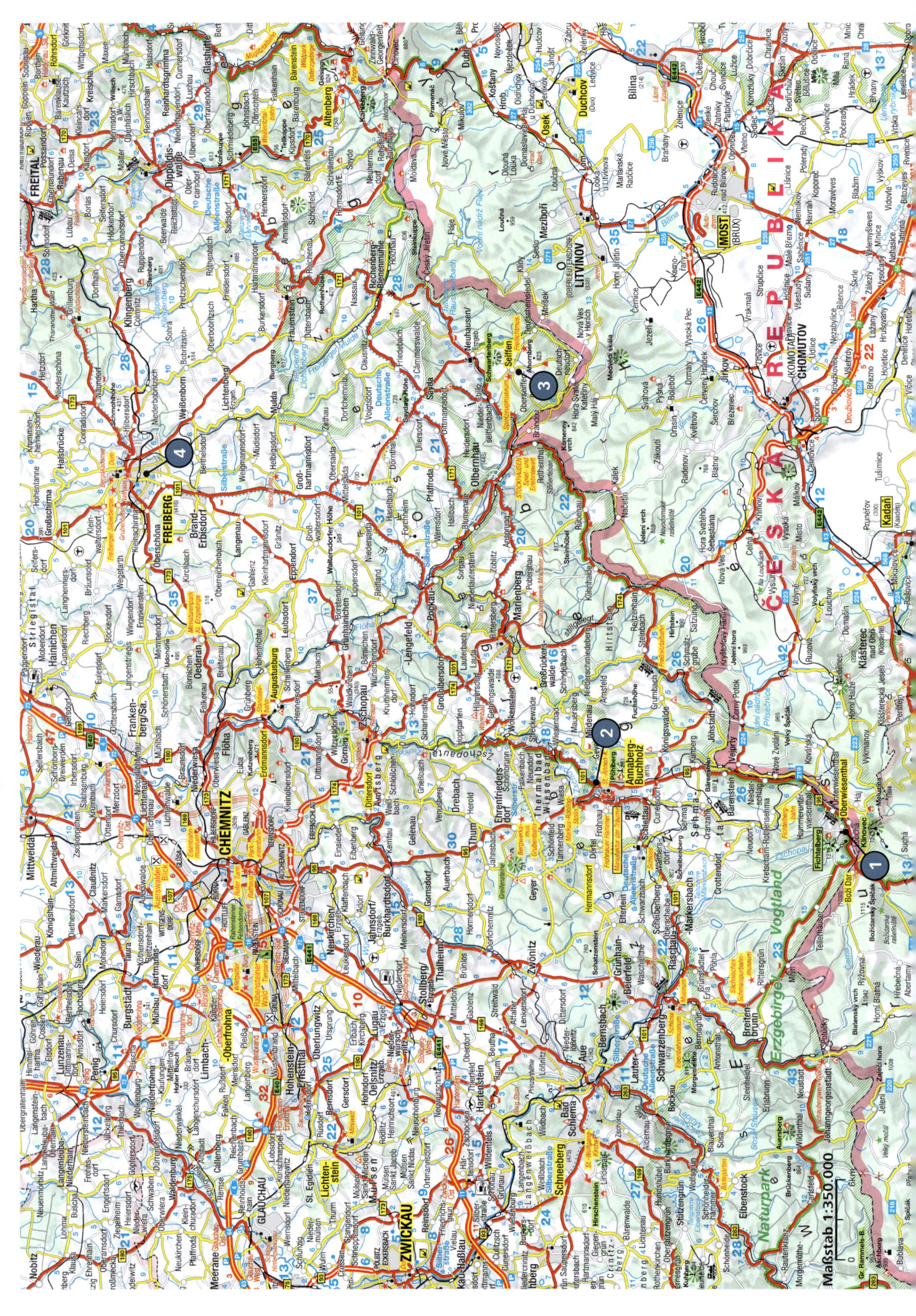

DURCH SÄCHSISCH-SIBIRIEN

Wegen seines rauen Klimas nannte der Volksmund das Erzgebirge Sächsisches Sibirien. Der die Grenze zu Tschechien überschreitende Mittelgebirgszug zwischen Chemnitz und Elbsandsteingebirge lebte jahrhundertelang gut vom Bergbau. Heute sind Wander- und Skitourismus Haupterwerbsquellen.

❶ Oberwiesenthal

Der Luftkurort (2500 Einw.) am Fichtelberg machte sich in DDR-Zeiten einen Namen als Leistungsschmiede für Wintersportler.

SEHENSWERT
Stadt- und Sportgeschichte beleuchtet die Ausstellung im Sportmuseum "Wiesenthaler K3" im **Forum für Kultur und Wintersport** (Karlsbader Straße 3, www.oberwiesenthal.de; April–Nov. Mo.–Fr. 9.30–17.00, Sa. und So. 10.00–13.00, Dez.–März tgl. 9.30–17.00 Uhr). Behäbige Häuser aus der zweiten Hälfte des 19. Jh. prägen das Zentrum um den Markt mit einer Postmeilensäule aus dem 18. Jh.

AKTIVITÄTEN
Winters wie sommers zieht der **Fichtelberg** (1214 m) Aktivreisende an. Man erobert ihn mit dem Auto oder der Schwebebahn und genießt von seinem Gipfel eine fantastische Fernsicht. Sessel- und Schlepplifte erschließen die Pisten von Sachsens größtem Skigebiet; 25 km Loipen warten auf Langläufer. Im Sommer locken Wanderwege und Mountainbike-Pisten. Informationen zu Pisten, Liften, Wander- und Radwegen sind auf www.fichtelberg-ski.de und auf www.oberwiesenthal.de zusammengefasst.

HOTEL UND RESTAURANT
Wohnen beim Olympiasieger im € € **Appartementhotel Jens Weißflog** in hellen, freundlich und modern möblierten Appartements. Auch ein gutes Restaurant gehört dazu (Emil-Riedel-Straße 50, 09484 Oberwiesenthal, Tel. 037348 100, www.jens-weissflog.de). Feine, regionale Küche bietet im Fichtelberghaus € € **Das Guck**. Wer es rustikaler mag, wählt die einfacheren **Erzgebirgsstuben** (Fichtelbergstraße 8, Tel. 037348 12 30, www.hotel-fichtelberghaus.de).

INFORMATION
Gäste-Information, Karlsbader Straße 3, 09484 Oberwiesenthal, Tel. 037348 15 50 50, www.oberwiesenthal.de

❷ Annaberg-Buchholz

Die aus zwei getrennten Siedlungen zusammengewachsene Stadt (20 000 Einw.) war ein Zentrum des Silberbergbaus. Heute sorgen vor

Fichtelberg mit Fichtelberghaus (links). Gewölbe in Annabergs Kirche St. Annen (rechts)

allem Textil- und Spielzeugindustrie sowie Tourismus für Wohlstand.
Silbererzfunde sind ab 1491 bezeugt, und bereits 1496 erhielt Annaberg Stadtrechte. Unterhalb entstand etwa zeitgleich Buchholz. Wie in den Nachbarorten fing Kunsthandwerk die Schwankungen im Bergbau auf, in Annaberg wurde geklöppelt und entstanden Borten. Die Textilindustrie verlieh Annaberg und Buchholz im 19. und 20. Jh. einigen Wohlstand. 1945 hat man beide Orte zwangsvereint.

SEHENSWERT
Vom hübschen **Markt** mit dem 1751 errichteten **Rathaus** führt die Münzgasse zur 1502 von Bergleuten gestifteten **Bergkirche St. Marien** (Münzgasse 5; tgl. 11.00–17.00 Uhr). Die bis 1525 erhöht errichtete Hallenkirche **St. Annen** überragt die Altstadt; das Gotteshaus beeindruckt durch das Schleifensterngewölbe, das sich unter bunten Schlusssteinen kreuzt. Die Emporenbrüstung erzählt in 100 Reliefs Geschichten aus dem Alten und Neuen Testament; der Altar der Bergknappschaft im nördl. Nebenchor zeigt Szenen aus Bergbau und Verhüttung im 16. Jh. (Große Kirchgasse 21, www.kirche-annaberg-buchholz.de; April–Dez. Mo.–Sa. 10.00–17.00, So. 12.00–17.00, Jan. bis März Mo.–Sa. 11.00–16.00, So. 12.00–16.00 Uhr).

MUSEEN
In der modern konzipierten **Manufaktur der Träume** TOPZIEL werden über 1000 Schaustücke erzgebirgischer Volkskunst – von winziger Streichholzschachtelschnitzerei bis hin zur kompletten historischen Bergparade von 1719 – präsentiert (Buchholzer Straße 2, www.annaberg-buchholz.de/manufaktur-der-traeume; tgl. 10.00–18.00 Uhr). Ganz traditionell widmet sich das **Erzgebirgsmuseum** der Volkskunst; Clou ist sein Silberbergwerk „Im Gößner" – 24 m tief geht es hinab (Große Kirchgasse 16, www.annaberg-buch holz.de; tgl. 10.00–17.00 Uhr). Das Technische Museum **Frohnauer Hammer,** eine historische Schmiede, erläutert die alten Techniken (Sehmatalstraße 3, www.annaberg-buchholz.de; tgl. 9.00–12.00 und 13.00–17.00 Uhr).

ERLEBEN
Klöppel- und Schnitzkurse gibt es im Kulturzentrum Erzhammer (Buchholzer Straße 2, Annaberg-Buchholz, Tel. 03733 42 51 90).

Seiffener Schnitzereien: Tannenbaum (links oben) und reifengedrehte Tiere (links unten), die an einer Drehbank entstehen (oben)

Das **Lichtelfest** in Schneeberg bietet am zweiten Adventswochenende Musik, Bergmanns-Umzug und traditionelles Handwerk.

HOTEL UND RESTAURANTS

Am Markt bietet der **€ € Wilde Mann** als eines der ältesten Gasthäuser der Region modernen Komfort (Markt 13, 09456 Annaberg-Buchholz, Tel. 03733 14 40, www.visit-erzgebirge.de). Im **€ € Café Anna** wird sächsisch mit leichter Hand gekocht (Große Kirchgasse 17, Annaberg, Tel. 03733 4 40 48, www.my-cafe-anna.de). Schwarzbiergulasch und Rinderroulade sind Spezialitäten im **€ € Haus des Gastes** (Auer Str. 82, Grünhain-Beierfeld, Tel. 03774 32 96 89, www.hausdesgastes-gruenhain.de).

UMGEBUNG

In **Schwarzenberg** (25 km westl.) sind der hübsche Markt (in der Brunnenanlage ein Glockenspiel aus Meissner Porzellan), das Schloss und die im 17. Jh. als Barockbau mit reicher Ausstattung entstandene Kirche St. Georgen sehenswert. Im urspr. gotischen Schloss dokumentiert eine Ausstellung Stadtgeschichte und die in der Region beheimateten Handwerke (Obere Schlossstraße 36, www.schwarzenberg.de; Di.–So. 10.00–17.00 Uhr). In **Marienberg** (22 km östl.), im 16. Jh. als Renaissancestadt angelegt, sind am weitläufigen Marktplatz neben dem Rathaus (1539) mit den Häusern Nr. 3, 5, 6 und 14 Beispiele repräsentativer Renaissancearchitektur erhalten. Die Wendt & Kühn-Erlebniswelt in **Grünhainichen** (35 nördl.) bezaubert mit erzgebirgischer Holzschnitzerkunst mit Hasenkapelle und Margeritenengel (Chemnitzer Straße 40, www.wendt-kuehn.de; tgl. 10.00–17.00 Uhr).

INFORMATION

Tourist-Information, Buchholzer Straße 2, 09456 Annaberg-Buchholz, Tel. 03733 1 94 33, www.annaberg-buchholz.de

③ Seiffen

Ab Mitte des 15. Jh. wurde in Seiffen (2500 Einw.) Zinn abgebaut, rund 100 Jahre später gab es erste Drechsler. Als Ende des 18. Jh. die Erzlagerstätten erschöpft waren, hatte sich bereits eine florierende Spielwarenindustrie entwickelt. Heute scheint das Erzgebirgsstädtchen nur noch aus Geschäften und Schauwerkstätten zu bestehen.

MUSEUM

Inmitten des kommerziellen Trubels erzählt das **Erzgebirgische Spielzeugmuseum** anschaulich die Geschichte der Reifendreher und zeigt fantastische Exponate aus mehreren Jahrhunderten (Hauptstraße 73, www.spielzeugmuseum-seiffen.de; tgl. 10.00–17.00 Uhr). Auch das **Erzgebirgische Freilichtmuseum** mit einem Wasserkraftdrehwerk von 1760 lohnt den Besuch (Hauptstraße 203; Sommer tgl. 10.00–17.00, Winter tgl. 10.00–16.00 Uhr).

HOTELS UND RESTAURANT

Fürstlich lässt sich in den Zimmern des Renaissanceschlosses **€ € € Purschenstein** übernachten (Purschenstein 1, 09544 Neuhausen, Tel. 037361 14 08 0, www.purschenstein.de.). Das komfortable **€ € € Hotel Stephanshöhe** hat sich auf Aktiv-Gäste eingestellt, u. a. mit einer Waschanlage für Wanderschuhe und einem großen Spa- und Saunabereich (Hauptstraße 83, 01773 Altenberg, Tel. 035052 60 500, www.ahorn-hotels.de). Viele Gerichte wie Apfelfleisch werden im **€ € Gasthof Bärenfels** aus regionalen Zutaten komponiert (Alte Böhmische Straße 1, Altenberg, Tel. 035052 22 80, www.gasthof-baerenfels.de).

UMGEBUNG

Eines der ungewöhnlichsten Geotope Deutschlands ist auf dem Gipfel des **Hirtstein** (890 m; 36 km südw.) zu bewundern: Der 15 m hohe Basaltfächer unweit des Bergrestaurants „Hirtsteinbaude" entstand bei einem Vulkanausbruch vor Jahrmillionen. Auch im Kneipp-Kurort **Altenberg** (37 km nordöstl.) schürften die Bergleute Zinn. 1620 stürzten mehrere Gruben ein. Dabei entstand ein 130 m tiefer Trichter mit 400 m Durchmesser: Heute ist diese sogenannte Pinge das Wahrzeichen des Städtchens, das mit einem dichten Wegenetz Wanderer anzieht.

INFORMATION

Touristinformation, Hauptstraße 73. 09548 Kurort Seiffen. Tel. 037362 84 38, www.seiffen.de

④ Freiberg

Wieviel Wohlstand der ab dem 12. Jh. betriebene Silberbergbau brachte, lässt sich an den prächtigen Bürgerhäusern Freibergs (41 000 Einw.) ablesen. Die Stadt ist auch Sitz der im 18. Jh. gegründeten Bergakademie – heute bringt sie als Technische Universität junge Leute und frischen Wind in die alten Mauern.

SEHENSWERT

Der **Obermarkt** mit dem schönen Renaissance-**Rathaus** (ab 1410) bildet den weltlichen Mittelpunkt, der Untermarkt mit dem **Dom St. Marien** das geistige Zentrum der Altstadt; im 16. Jh. anstelle eines romanischen Gotteshauses errichtet, birgt der Dom einzigartige Kunstschätze: Bis 1510 skulptierte Hans Witten

> **Tipp**
>
> ## Am Lenkdrachen über den Schnee
>
> ....
>
> Steter Wind und zuverlässiger Schnee sind die Zutaten für einen erfolgreichen Snowkite-Tag im Erzgebirge – von beidem haben die Hochplateaus rund um Oberwiesenthal im Überfluss. Wer den adrenalinlastigen Sport erlernen möchte, kontaktiert beispielsweise das Snowkitecenter Oberwiesenthal.
>
> ### INFORMATION
>
> Snowkitecenter Oberwiesenthal, Jörg Dittmann, An der Sommerrodelbahn, Tel. 0175 160 05 52, www.snowkiten.de

die Tulpenkanzel aus Tuffstein zu einem filigranen, fast schwebenden Gebilde aus Ranken und Figuren. Die prunkvolle Bergmannskanzel (1638) daneben stützen zwei Bergleute. Zwei Orgeln des Instrumentenbaumeisters Gottfried Silbermann füllen den Raum mit ihrem Klang (1714 und 1719). Erdrückend wirkt das monumentale Grabmal für Moritz von Sachsen (1563) im Chor. Die reich mit Skulpturen geschmückte romanische Goldene Pforte schützt eine Vorhalle vor der Witterung.

MUSEEN

Mineralienfreunden sei der Besuch der Ausstellung **terra mineralia** im Schloss Freudenstein (Urspr. 12. Jh., Umbau im 16. Jh.) empfohlen. Die Sammlung ist spektakulär in

Szene gesetzt (Schlossplatz 4, www.terra-mineralia.de; Mo.–Fr. 10.00–17.00, Sa. und So. 10.00–18.00 Uhr).
Im **Bergwerk Himmelfahrt** TOPZIEL lernen Bergbaustudenten ihr Metier; Besucher erfahren Wissenswertes über Geschichte und Technik. Wer es abenteuerlich mag, geht auf 2,5-stündige Erlebnistour, bei der die Gruppe über Leitern in nur 1,6 m hohe und 0,8 m breite Schächte vordringt (Fuchsmühlenweg 9, Tel. 03731 39 45 71, www.silberbergwerk-freiberg.de; Führungen nach Voranm. Mi.–So. 9.00 bis 17.00 Uhr).

ERLEBEN

Rund 45 Min. dauert die gemächliche Fahrt mit der **Weißeritztalbahn** von Dippoldiswalde nach Freital. Seit 1883 dampft sie auf Schmalspur mehrmals tgl. am Fluss entlang (im Sommer mit offenem Aussichtswagen, www.weisseritztalbahn.com). So lässt sich eine Wanderung durch den **Rabenauer Grund** (Start Freital-Coßmannsdorf, Ziel Spechtritz; Dauer ca. eineinhalb Std.) mit einer Bahnfahrt zurück zum Ausgangspunkt kombinieren.

UNTERKUNFT/RESTAURANTS

Das € € **Hotel Krelle**r mit teils historisch möblierten Zimmern liegt in einer ruhigen Gasse (Fischerstraße 5, 09599 Freiberg, Tel. 03731 35 90 0, www.hotel-kreller.de). In der € € **Rabenauer Mühle** wohnt es sich romantisch; gehobene sächsische und mediterrane Küche (Rabenauer Grund, 01734 Rabenau, Tel. 0351 460 20 61, www.rabenauer-muehle.de). In der € € **Stadtwirtschaft** gibt es böhmische Küche und böhmisches Bier – lecker und nahrhaft (Burgstraße 18, Freiberg, Tel. 03731 69 24 69, www.stadtwirtschaft.de). Die € € **Casa di Giulietta** bietet authentische italienische Küche (Kreuzgasse 7, Freiberg, Tel. 0371 773 16 99).

UMGEBUNG

In **Dippoldiswalde** (14500 Einw.; www.dippoldiswalde.de) lohnt ein Blick auf den von historischen Häusern gesäumten Markt und den geschwungenen Renaissancegiebel des spätgotischen Rathauses (15. Jh.). Das Schloss erhielt im 16. und 17. Jh. seine heutige Gestalt (Bergbaumuseum MIBERZ, www.miberz.de; Di.–Fr. 10.00–17.00, Sa. und So. 13.00–17.00 Uhr). Im Lohgerbermuseum mit stadtgeschichtlichen Exponaten ist die Werkstatt einer Lohgerberei originalgetreu rekonstruiert (Freiberger Straße 18; www.lohgerbermuseum.de; März–Okt. Di.–Fr. 10.00–17.00, Sa. und So. 13.00–17.00, Nov.–Febr. Di.–So. 10.00–17.00 Uhr). Nördl. des Naherholungsgebiets **Talsperre Malter** zwängt sich die Rote Weißeritz an den bis zu 70 m hohen Felsen des wildromantischen und dicht bewaldeten **Rabenauer Grunds** vorbei – mit alten Eichen, Buchen und mit Glück auch Feuersalamandern.

INFORMATION

Tourist-Information, Burgstraße 1, 09599 Freiberg, Tel. 03731 27 36 64, www.freiberg.de

AUF DEM STONEMAN DURCHS ERZGEBIRGE

Zwei Länder, neun Gipfel und 4400 Höhenmeter verspricht der 162 Kilometer lange Mountainbike-Trail Stoneman Miriquidi durchs Erzgebirge dem konditionsstarken Biker. Man kann ihn natürlich auch auf einer Teilstrecke befahren, beispielsweise von Oberwiesenthal zum Scheibenberg.

Diese erste und leichteste Etappe des Trails passiert hinter Oberwiesenthal (850 m) den Bahnübergang der Fichtelbergbahn und führt auf einsamen Waldstraßen zunächst bergab, bevor sie sich zum ersten Gipfel aufschwingt. 150 Höhenmeter sind zu bewältigen, dann stehen wir auf dem Bärenstein (898 m). Belohnung ist eine lange Abfahrt in den Pöhlagrund, wo wir bei einer kurzen Pause Kraft tanken für den folgenden Anstieg zum Pöhlberg (834 m), der mit 300 Höhenmetern deutlich heftiger ausfällt und im letzten Abschnitt auf der Trasse einer alten Bobbahn verläuft.

In der Gruppe macht die Strecke richtig Spaß.

Vorbei an den Butterfässer-Basaltsäulen, den Resten eines Lavastromes am Nordhang des Pöhlbergs, geht es nun wieder bergab und in das Städtchen Annaberg-Buchholz (350 m) hinein. Über Cunersdorf und Sehmatal führt die letzte Etappe auf den Scheibenberg (807 m), mit seinen Orgelpfeifen genannten Basaltfelsen eine ausgewählte Stätte für die vorgesehene Kandidatur zum UNESCO-Welterbe Montanregion Erzgebirge. Die Etappe ist zwar nicht steil, aber doch durchaus fordernd.

Länge: 46 km, 950 Höhenmeter, größtenteils durch Wald auf Forstwegen
Dauer: 5–6 Stunden
Markierung: Gelbes Schild mit grünem Pfeil und dem Schriftzug MTB
Routenverlauf/GPS-Download: www.erzgebirge-tourismus.de

Vogtland

*

IDYLLISCHES HÜGELLAND

*

Eine liebliche Mittelgebirgswelt, gesprenkelt mit Wiesen, Feldern und Wäldern, garniert mit Fachwerk-Dörfchen und durchströmt von tief eingegrabenen Flüssen – das sächsische Vogtland ist eine Bilderbuchregion.

Östlich von Markneukirchen liegt nahe der tschechischen Grenze Erlabrunn, von dem aus es in ein herrliches Wandergebiet geht.

Schloss Lichtenwalde – 1722 bis 1726 von einem Minister Augusts des Starken nordöstlich von Chemnitz errichtet – ist von einem nach historischem Vorbild rekonstruierten Barockpark umgeben.

Im August Horch Museum von Zwickau: Zur deutschen Automobilgeschichte gehört der 1936 von Ferdinand Porsche konstruierte Auto-Union-Grand-Prix-Rennwagen Typ C – hier ein Nachbau.

In feinstem Jugendstil: Zwickaus 1869 eröffnetes Johannisbad, die erste öffentliche Badeanstalt in dieser Größenordnung

Das Haus Wunderlich im Freilichtmuseum Landwüst
zeigt Egerländer Einfluss.

Geigenbaumeister Stefan Kreul mit einem Cello in
seiner Markneukirchener Werkstatt

Wo das Vogtland an Tschechien stößt, reihen sich die „Winkel": Da gibt es den Bäderwinkel um Bad Elster mit Mineral- und Solequellen, in denen einst königlich-sächsische Hoheiten Linderung ihrer Gebrechen suchten. Oder den Musikwinkel um Markneukirchen, der Europa mit nahezu allem beliefert, das einen Klang hervorzubringen in der Lage ist. Eine sehr kleinteilige, von Tal zu Tal wechselnde Spezialisierung prägt die Landschaft und die Wirtschaft des Vogtlandes, dessen Böden zu wenig hergaben für die zunehmend extensiver werdende Landwirtschaft. Ein Handwerk als Nebenerwerb war deshalb überlebensnotwendig – was sich im Freiluftmuseum Landwüst anschaulich nachvollziehen lässt, denn zu jedem der dort wiederaufgebauten historischen Bauernhöfe, gehört ein kleiner Handwerksbetrieb.

Und zu jeder Hügelkuppe eine Burg, könnte man angesichts der vielen Burgen und Schlösser meinen, die deutlich machen, dass auch hier im äußersten sächsischen Süden sich nicht jeder um seine Lebensgrundlage sorgen musste. Hochherrschaftliche, wie das Jagdschloss Augustusburg des starken Augusts, oder wildromantische wie Burg Kriebstein, in deren Mauern sich sicherlich ein Schlossgespenst verbirgt.

DER WEITEN WELT MUSIKWINKEL

Kaum zu glauben, aber wahr: Ende des 19. Jahrhunderts kamen Dreiviertel der in Europa verkauften Musikinstrumente aus dem vogtländischen Musikwinkel um Markneukirchen und Klingenthal. Markneukirchen galt in jener Zeit als reichste Stadt Deutschlands und besaß sogar ein US-Generalkonsulat, um den Export der Musikinstrumente leichter abwickeln zu können. Begonnen hatte der Instrumentenbau um 1670, als böhmische Geigenbauer vor der Gegenreformation auf sicheren protestantischen Boden nach Sachsen flüchteten. Im Gegensatz zu Klingenthal, das sich bald auf den Harmonikabau spezialisierte, stellten die Markneukirchener alle Instrumente her, die in einem Orchester vonnöten sind. Die auf Großindustrie fixierte DDR brachte den Niedergang der mittelständischen Betriebe. Aber mittlerweile geht es für Musicon Valley, wie man sich heute gerne nennt, wieder aufwärts.

Zum guten Ruf haben nicht nur das jahrhundertealte Know-how, sondern auch die Neueinrichtung eines Studiengangs Instrumentenbau beigetragen. Dass sich in Markneukirchen alles um Musik dreht, hört der Besucher auf Schritt und Tritt, denn in den über 100 Werkstätten der 6500-Seelen-Stadt werden Instrumente nicht nur gebaut, sondern auch gespielt.

SPITZE IST SEXY

Ende des 19. Jahrhunderts erfand ein Fabrikant im Vogtlandstädtchen Plauen die „Plauener Spitze", die erste maschinell gefertigte Spitze überhaupt. Sie wird nicht gehäkelt oder geklöppelt, wie das

»MIR SACHSEN, MIR SIN HELLE, DAS WEES DE GANZE WELD!«

Sächsischer Volksmund

bis dahin in meist mühsamer Heimarbeit üblich war, sondern auf eine Mustervorlage gestickt, die man danach wegätzt oder wegflammt. Übrig bleiben filigrane Gespinste. Seit 1883 verdienten meist Plauener Frauen damit ihr Brot, denn Spitze war en vogue – ganz gleich ob als Tischdecke, Gardine oder Kleid. Die

Das einstige Jagdschloss Augustusburg wird gern als Ausgangspunkt für Motorrad- und Oldtimertouren ins Erzgebirge genutzt.

Wirtschaftskrise der 1920er traf die Hersteller und ihre Mitarbeiter hart; die zweite Krise forcierte Ende des 20. Jahrhunderts die Billigkonkurrenz aus Fernost. Doch im 21. Jahrhundert, so der Branchenverband „Plauener Spitzen und Stickereien", dem etwa 100 Betriebe mit 600 Angestellten angehören, geht es wieder bergauf. Das ist nicht zuletzt PR-Aktionen wie Franziska Knuppes Auftritt beim Wiener Opernball 2013 zu danken. Das Topmodell erschien in einem hautengen Nichts aus schwarzer Spitze und signalisierte: Spitze ist sexy! Seither klopfen renommierte Modedesigner in Plauen an. Das Wiener Kleid hat übrigens einen prominenten Platz im Spitzenmuseum gefunden.

CHEMNITZER OSTALGIE

Er ist 7,10 Meter hoch und wiegt 40 Tonnen. Vielleicht liegt es am Gewicht des Bronzekopfes von Karl Marx, dass dieses DDR-Denkmal nicht einfach entfernt wurde wie so viele andere Zeugnisse des sozialistischen Deutschlands. Vielleicht aber auch hängen die Chemnitzer an ihrem „Nischel". Immerhin trug Chemnitz ja 47 Jahre lang den Namen des Verfassers des „Kommunistischen Manifestes" und nannte sich Karl-Marx-Stadt. Mit Ostalgie hat es also nichts zu tun.

Die kleine Armee von Karl-Marx-Büsten in der Lagerhalle von SBS Deko hingegen schon. Neben dem Rauschebart stapeln sich Kirchenbänke und Spielautomaten, Mao-Anzüge, Fahnen, eine Wohnzimmer-Schrankwand aus den 1960er–Jahren – es ist unglaublich, welche DDR-Memorabilien Jens Burkert und Jörg Schaarschmidt hier zusammengetragen haben. Die wirklich kostbaren Stücke gibt es aber nur im Verleih.

INDUSTRIE IM WANDEL DER ZEIT

Chemnitz' große Ära begann im 19. Jahrhundert mit der Industrialisierung, als die Entdeckung von Kohlevorkommen die bislang auf Wasserkraft angewiesene Textilindustrie geradezu explodieren ließ. Der dabei erwirtschaftete Wohlstand spiegelt sich in den Gründerzeitvierteln wie dem Kaßberg, Deutschlands größtem Flächendenkmal aus kaiserlicher Zeit. Ein Spaziergang wird zur Entdeckungsreise vorbei an Jugendstilportalen und Majolikafassaden, an Skulpturenschmuck und eleganter Ziegelarchitektur.

Ziegel sind auch das prägende Baumaterial der ähnlich faszinierenden Chemnitzer Industriearchitektur – das Sächsische Industriemuseum in einer ehemaligen Gießerei ist nur eines der vielen Beispiele für Fabrikbauten, die eine neue Bestimmung erhielten. Chem-

nitz zeigt sich da durchaus kreativ: In der Schönherrfabrik, einst Webstuhlhersteller, residiert ein Restaurant; die Aktienspinnerei von 1858, seinerzeit größte Sachsens, dient als Zentralbibliothek der Technischen Universität, einmal Hochburg für marxistisch-leninistische Grundlagenstudien, und im alten Umspannwerk ist die Jugendherberge eingezogen.

VON HORCH ZU AUDI

Industrieerbe zu verwalten ist nicht einfach, und Museen sind häufig die beste Lösung – so auch im ehemaligen Audi-Werk des Automobilpioniers August Horch (1868–1951) in Zwickau: Neben Fahrzeugen der Marken Horch, Audi und Wanderer kamen hier auch die ersten DKW auf die Räder – von dem 1916 noch kriegswichtigen Plan, Dampfkraftwagen herzustellen, überlebte allein das Hersteller-Kürzel. In der DDR-Ära liefen Trabant-Modelle von den Montagebändern, und nach der politischen Wende machte sich VW das Know-how der Automobilstadt zunutze, allerdings in neuen Werksanlagen. Das historische Audi-Werk verfiel, bis Stadtverwaltung und Audi AG dessen Ausbau zu einem Museum beschlossen. So kann das August Horch Museum heute die crème de la crème der deutschen Vorkriegs-Automobilgeschichte präsentieren.

Kurz vor Beginn des Ersten
Weltkriegs entstand am Chemnitzer
Neumarkt das Neue Rathaus im
seinerzeit hochgeschätzten
Neo-Renaissancestil.

Das Industriemuseum Chemnitz
zeigt in seiner umfangreichen
Sammlung Produkte sächsischen
Gewerbefleißes – darunter
natürlich auch diverse Automobile
(Mitte rechts). Die Ausstellungen
des smac (Staatliches Museum für
Archäologie in Chemnitz) lassen
Besucher die Entwicklung in
Sachsen über die Jahrtausende
wie im Zeitraffer erleben – hier
ein Blick in die Tierwelt einer
Kaltperiode (rechts unten).

Sachsen ist wahrlich ein Land der Burgen und Schlösser: Genannt wird die eindrucksvolle Zahl von 723 Anlagen. Da fällt die Wahl schwer! Hier unsere Favoriten unter den Burgen, Schlössern und ihren Parks.

Die faszinierendsten Burgen, Schlösser und Parks

SACHSENS PRACHT UND HERRLICHKEIT

6

4 **Westlausitzer Dardanellen**

1 **Residenz über dem Müglitztal**

Schloss Weesenstein birgt Überraschungen. Da ist der Standort im Müglitztal, über das der mächtige Barockbau hinauswächst. Und dann die Fassade: Jedes dritte der unzähligen Fenster ist nur aufgemalt. Nach dem steilen Aufstieg zum Renaissanceportal fällt der Blick nicht auf Burgmauern, sondern auf eine weitläufige barocke Gartenanlage. Und: Den Pferdestall finden Sie im fünften Stock!

Schloss Weesenstein, Am Schlossberg 1, Müglitztal-Weesenstein, Tel. 035027 62 60, www.schloss-weesenstein.de; April–Okt. tgl. 10.00–18.00, sonst Di. bis So. 10.00–16.00 Uhr

2 **Kamelienblüte in Pillnitz**

Als berühmteste Pflanze im Pillnitzer Schlosspark gilt eine Kamelie: Über 250 Jahre alt, ist sie die einzige „Überlebende" von vier Stecklingen aus Japan, die einst in den Königlichen Botanischen Gärten von Kew bei London landeten. Eine verblieb in Kew Gardens, die anderen drei wurden in anderen botanischen Gärten ausgepflanzt, wo sie, wie auch die Kew-Magnolie, längst eingingen. Der Pillnitzer Exotin blieb dieses Schicksal erspart, denn die Dresdener kümmerten sich all die Jahre rührend um sie und umbauten sie jeden Winter mit einem Holzhaus. Seit 1992 schützt den Baum eine schmiedeeiserne Glocke mit transparenten Wänden, die man je nach Witterung ganz einfach über die Pretiose schiebt oder zur Seite rollt.

Schlosspark Pillnitz, August-Böckstiegel-Straße 2, Dresden, Tel. 0351 26 13 26 0, www.schlosspillnitz.de; Park ganzjährig geöffnet von 6.00 Uhr bis Einbruch der Dunkelheit

3 **Die schönste Weinlage Sachsens**

Was ist schöner: der Blick von Schloss Wackerbarths Ruh' auf den Pavillon im Weinberg, oder umgekehrt das spätbarocke Schloss am Fuß des grün terrassierten Hügels, betrachtet von eben diesem Belvedere aus. Auch die von Buchsbaumkegeln gerahmte Treppe vom Schloss zum Belvedere inmitten des Weinbergs besitzt Charme! An Schloss und Schlösschen satt gesehen, lässt sich ein feiner Goldriesling verkosten.

Schloss Wackerbarth, Sächsisches Staatsweingut, Wackerbarthstraße 1, Radebeul, Tel. 0351 89 55 0, www.schloss-wackerbarth.de

Wurden in Pillnitz exotische Pflanzen gezüchtet, waren es in Moritzburg Fasanen. Zunächst natürlich zur Bereicherung der königlichen Tafel, später nur noch zum Ergötzen der durch den Park promenierenden Gäste Friedrich Augusts III., Urenkels des „Starken". Den Fasanen verdankt das winzige Königsschloss im Gewand des Spätrokoko seinen Namen. Von ihm aus konnte die Gesellschaft die auf dem „Dardanellen" genannten Teich Seeschlachten verfolgen. Die siegreiche „Flotte" wurde im Hafen am Fuß eines Leuchtturms begrüßt.

Fasanenschlösschen Moritzburg, Moritzburg, Tel. 035207 87 30, www.schloss-moritzburg.de; Führungen Mai–Okt. Mo. bis Fr. stdl. 10.00–16.00 Uhr

5

⑤ Eine Gartenleidenschaft bis in den Ruin

Englische Adelssitze waren Vorbild für die weitläufige Parkanlage in Bad Muskau, doch Fürst von Pückler-Muskau hatte erst nur ein Bruchteil seiner Ideen umgesetzt, als ihn die Kosten zur Aufgabe zwangen. Um sich die geplante romantische Ritterburg im Park vorzustellen, braucht es einiges an Fantasie, und sich das erst später hinzugefügte rote Neorenaissance-Schloss als weißen klassizistischen Tempel auszumalen, wie der Fürst es sah, ebenfalls. Zwar erleben Besucher Park und

Neues Schloss also nicht ganz im Sinn des weitgereisten Lebemanns, dafür aber als harmonisches Ensemble ohne Ritterburgromantik. Sein wahres Talent, das ist auch in Bad Muskau nicht zu übersehen, war die Naturgestaltung.

Fürst-Pückler-Park Bad Muskau, Neues Schloss, Bad Muskau, Tel. 035771 63 10 0, www.muskauer-park.de; Parkführungen April–Okt. Sa., So. und Fei. 14.00 Uhr, Treffpunkt im Tourismuszentrum Muskauer Park

⑥ Kunstwerke hinter Burgmauern

So wie sich Burg Kriebstein herrisch auf ihrem Felssporn über der Zschopau erhebt, würde man in ihr eher eine Raubritterburg vermuten, keinesfalls aber, dass dieser ins 14. Jh. zurückreichende Bau unzählige kunsthistorische Schätze birgt. Allein der mit zierlichen Dacherkern geschmückte, 45 m hohe Wohnturm ist eine architektonische Einmaligkeit in Sachsen. Farbige Fresken auf Holzwänden und Bohlendecke schmücken seit 1419 das berühmte Kriebsteinzimmer, und illusionistische

Wandmalereien der Gotik sind im Schatzgewölbe zu bewundern. Höhepunkt von Sachsens schönster Ritterburg ist jedoch die kleine Kapelle, deren Wände in einem einzigen gotischen Bilderrausch der Gottesmutter Maria huldigen.

Burg Kriebstein, Kriebsteiner Straße 7, Kriebstein, Tel. 34327 95 23 0, www.burg-kriebstein.eu; April bis Okt. Di.–Fr. 10.00–17.00, Sa. und So. 10.00–18.00, Febr., März und Nov. Di.–So. 10.00 bis 16.00 Uhr

⑦ Was vom Feuer blieb

Die um 1200 errichtete Burg Frauenstein der Meißner Markgrafen wurde bereits im 16. Jh. aufgegeben. 1728 brannte Frauenstein ab. Niemand sah eine Notwendigkeit, die Überreste wieder aufzubauen, und so bröckelte das Gemäuer die nächsten 240 Jahre malerisch vor sich hin. So wirkt die Ruine heute ungemein romantisch, und der Blick übers Erzgebirge ist den kurzen Aufstieg allemal wert!

Burg Frauenstein, Frauenstein, www.frauenstein-erzgebirge.de; Mai–Okt. tgl. 10.00–16.00 Uhr

VOGTLÄNDISCHE WINKELSPIELE

Als sanft gewellte Mittelgebirgslandschaft prägt das Vogtland den Westen Sachsens. Nach Osten geht es fast unmerklich in das stärker zerklüftete Erzgebirge über, mit dem es den Naturpark Erzgebirge/Vogtland bildet. Den Namen Vogtland verdankt die Region den vom 11. bis ins 16. Jahrhundert zur Grenzsicherung eingesetzten Vögten.

❶ Klingenthal

Wintersport und Instrumentenbau prägen das Städtchen (9000 Einw.). Böhmische Auswanderer brachten Mitte des 17. Jh. den Instrumentenbau in die Region. Heute steht der Ort wegen der Vogtland-Arena und seiner erfolgreichen Skispringer, die an der hiesigen „Eliteschule des Sports" ihre Ausbildung erhalten, im Fokus der Öffentlichkeit.

SEHENSWERT

Musikinstrumente und Sport sind die beiden Themen, die das **Musik- und Wintersportmuseum** anschaulich aufbereitet (Schlossstraße 3, www.klingenthal.de; Di.–Fr. 10.00 bis 16.00, Sa. und So. 13.00–17.00 Uhr). Wer sich fühlen möchte wie ein (Skisprung-)Adler, besuche die Weltcup-Schanze in der Vogtland-Arena, wo ihn die Erlebnisbahn zur Aussichtskapsel unweit des Startpunkts der Skispringer bringt (Falkensteiner Straße 133, www.weltcup-klingenthal.de; Febr.–Okt. tgl. 10.00–17.00, Nov.–Jan. tgl. 10.00–16.00 Uhr).

RESTAURANT

Vogtländische Küche in einem historischen Schulhaus bietet € € **Zur alten Schule**, (Schulgasse 4, Tel. 037467 2 68 72, www.facebook.com/alteschuleklingenthal).

UMGEBUNG

Markneukirchen (16 km südw.) gründete seine erste Musikbaumeisterinnung bereits 1677 – auch hier belebten böhmische Emigranten das Gewerbe. Das sehenswerte **Musikinstrumentenmuseum** beleuchtet die Geschichte und präsentiert eine reichhaltige Sammlung gängiger und auch ungewöhnlicher Instrumente (Bienengarten 2, www.museum-markneukirchen.de; April–Okt. Di.–So. 10.00 bis 17.00, Nov.–März Di.–So. 10.00–16.00 Uhr). Wie die Bauernhöfe im Vogtland früher ausgesehen haben, ist im **Freilichtmuseum Landwüst** zu erleben (21 km südw.): originalgetreu eingerichtete Werkstätten, vor allem aber wunderschöne Fachwerkbauten (Rohrbacher Straße 4, Landwüst, www.freilichtmuseum-vogtland.de; April–Nov. Di.–So. 10.00–17.00, Dez.–März Sa. und So. 10.00–16.00 Uhr).

INFORMATION

Tourist-Info, Schlossstraße 3, 08248 Klingenthal, Tel. 037467 6 48 32, www.klingenthal.de

❷ Bad Elster

Die mineralhaltigen Quellen des Moor- und Mineralheilbads (4000 Einw.) im „Bäderwinkel", seit 1848 königlich-sächsisches Staatsbad, waren bereits 1669 bekannt. Hinzu kamen Solequellen und Moortherapien.

SEHENSWERT

Trotz vieler Neubauten verströmt der Kurort den Charme seiner Blütezeit im 19. und 20. Jh., als **Badehaus** (1852), **Kurpark** (1853), **Wandelhalle** (1860), **Kurhaus** (1895), **Albertbad** (1910) und zahllose historisierende **Villen** errichtet wurden. Bemerkenswert ist das im Jugendstil gestaltete Albertbad, dessen Säulen im Foyer mit Meissner Porzellankacheln verkleidet sind. Das **Sächsische Bademuseum** in der KunstWandelhalle informiert über das Bäderwesen (KunstWandelhalle, Badstraße 6, www.saechsisches-bademuseum.de; Mi.–So. 14.00 bis 17.30, Sa./So. 9.30–12.00, 14.00–17.30 Uhr).

HOTELS UND RESTAURANTS

Das € € € **König Albert Hotel,** ein Wellnesshotel auf Topniveau, bietet einen Durchgang zur Thermen- und Saunalandschaft (Carl-August-Klingner-Straße 1, 08645 Bad Elster, Tel. 037437 54 00, www.hotelkoenigalbert.de). Nett eingerichtete Zimmer und ein kleiner Garten machen das € € **Hotel Heimburg** im Elsteraner Jugendstil zu einer angenehmen Unterkunft, Kirchstraße 6, 08645 Bad Elster, Tel. 037437 57 70, www.hotel-pension-heimburg.de). Vogtländische Spezialitäten gibt's im € € **Goldenen Anker** im gleichnamigen Hotel (Walther-Rathenau-Str. 9, Tel. 037437 55 80, www.anker-badelster.de).
An warmen Tagen sitzt man in der € **Waldquelle** im Grünen und genießt regionale Gerichte (Carl-August-Klingner-Straße 5, Tel. 037437 53 45 20, www.waldquelle-badelster.de).

INFORMATION

Touristinformation, Königliches Kurhaus, Badstraße 25, 08645 Bad Elster, Tel. 037437 53 90 0, www.badelster.de

Metallblasinstrumentenmachermeister Bernhard Willenberg aus Markneukirchen (links). Das Kurhaus von Bad Elster (oben)

❸ Plauen

Obwohl die Große Kreisstadt (64 000 Einw.) nach 1945 zu drei Vierteln zerstört war, vermitteln Altmarkt und Johanniskirche noch einen anschaulichen Eindruck von der einstigen Metropole der Spitze. Die im 12. Jh. erwähnte Siedlung etablierte sich ab 1600 erfolgreich in der Baumwollweberei; 1883 gilt als Geburtsjahr der maschinell hergestellten Plauener Spitze.

SEHENSWERT
Mit seinem Renaissancegiebel und einer Kunstuhr fällt am Altmarkt das 1548 errichtete **Rathaus** auf. Die 1122 geweihte **Kirche St. Johannis** überragt mit den 52 m hohen Doppeltürmen das Stadtzentrum, im Inneren faszinieren das Sterngewölbe, der spätgotische Altar und die barocke Kanzel von 1720.

MUSEEN
Über die Plauener Spitze informiert mit Stickmaschinen und Modellen anschaulich das **Plauener Spitzenmuseum** im Alten Rathaus (Unterer Graben 1, www.vogtlandmuseum-plauen.de/spitzenmuseum; Di.–Fr. 10.00–17.00, Sa. und So. 10.00–16.00 Uhr). Das **Vogtlandmuseum** präsentiert ein teils mit Originalmöbeln eingerichtetes Stadtpalais aus dem späten 18. Jh.; sein Louis-seize-Festsaal ist atemberaubend. Ein Übergang führt in die benachbarte Galerie **e.o.plauen,** die den Zeichner und Karikaturisten Erich Ohser (1903–1944) ehrt. Unter dem Pseudonym e.o.plauen zeichnete er die unvergessenen „Vater und Sohn"-Geschichten (Nobelstraße 7–13, www.e.o.plauen.de, Di.–So. 11.00–17.00 Uhr).

HOTELS UND RESTAURANTS
Das moderne, zentrumsnahe **€ € € Hotel Am Straßberger Tor** bietet Annehmlichkeiten wie Sauna, Spezialitätenrestaurant und Bar (Straßberger Straße 37, 08527 Plauen, Tel. 03741 28 70 0, www.bestwestern.de). Das **€ € Land-**

Der Chemnitzer „Nischel" (links). Der Rote Turm von Chemnitz (rechts oben). Szenerie im Zwickauer Horch-Museum (rechts unten)

hotel Alt-Jocketa ist ein ruhiges Haus in der Landschaft der Vogtländischen Schweiz, unweit der Elstertalbrücke; gutes Restaurant (Dorfaue 1, 08543 Pöhl, Tel. 037439 62 54, www.landhotel-altjocketa.de).
Ganz traditionell: Einrichtung, Bier, Speisekarte im **€ € Alten Handelshaus** (Straßberger Straße 17, Plauen, Tel. 03741 14 96 99, www.altes-handelshaus.de). Wer Lust auf etwas „Leichtes" hat, ist im **€ Theatercafé Plauen** richtig (Theaterplatz 1, Tel. 03741 27 68 02, www.theatercafe-plauen.de).

UMGEBUNG
Nördl. Plauen beginnt die **Vogtländische Schweiz,** eine Hügellandschaft mit den tief eingeschnittenen Flusstälern der Weißen Elster und der Göltzsch. Seit 1851 überquert die Eisenbahn beide auf der „nur" 68 m hohen und aus zwei Bogenetagen bestehenden **Elstertalbrücke** bei Jocketa über die Weiße Elster und der 14 km nordöstl. bei Reichenbach gelegenen 78 m hohen, dreistöckigen **Göltzschtalbrücke.** Letztere gilt bis heute als höchste aus Ziegeln errichtete Brücke der Welt.

INFORMATION
Tourist-Information, Unterer Graben 1, 08523 Plauen, Tel. 03741 291 10 27, www.plauen.de

❹ Zwickau

Die moderne Stadt (91 000 Einw.) ist seit über 100 Jahren Zentrum der Automobilindustrie. Im 15. und 16. Jh. waren es Silber und Tuchweberei, die für Wohlstand sorgten.

SEHENSWERT
Es lohnt sich, einen Blick auf den **Hauptmarkt** mit dem neugotischen **Rathaus** (1867) und dem **Gewandhaus** (1525) zu werfen, das ein kühn geschwungener Giebel schmückt. Bemerkenswerte Kunstschätze wie den spätgotischen Marienaltar und eine bewegende Pietà (beide 16. Jh.) birgt der im 13. Jh. errichtete **Dom St. Marien** (April–Dez. Di.–Sa. 10.00 bis 17.00, sonst 12.00–17.00 Uhr).

MUSEUM
Im **August Horch Museum TOPZIEL** nördlich der Altstadt wird anhand ausgewählter hochrangiger Exponate die Geschichte des von

Horch 1904 in Zwickau initiierten Automobilbaus erzählt (Audistraße 7, www.horch-museum.de; Di.–So. 9.30–17.00 Uhr).

ERLEBEN
Von Jugendstil umgeben, schwimmt man im **Johannisbad** (1869), zur Wende zum 20. Jh. um eine elegante Schwimmhalle erweitert (Johannisstraße 16, www.johannisbad.de; Mo. bis Fr. 10.00–22.00, Sa. und So. 9.00–22.00 Uhr).

HOTEL UND RESTAURANT
Zentraler und schicker als in der **€ € Alten Münze** kann man nicht wohnen; im Restaurant wird vogtländisch-mediterran aufgekocht (Hauptmarkt 6, 08056 Zwickau, Tel. 0375 44 06 78 00, www.alte-muenze-zwickau.de).

INFORMATION
Tourist-Information, Hauptstraße 6, 08056 Zwickau, Tel. 0375 2 71 32 40, www.zwickau-tourist.de

❺ Chemnitz

Die frühere Karl-Marx-Stadt (250 000 Einw.) hat wie Zwickau schwere Kriegszerstörungen erlebt und zeigt sich heute von Neubauten geprägt, teils von namhaften Architekten. Dazwischen behauptet sich Historisches. Schon früh wurde in der 1143 erwähnten Stadt (Stadtrecht um 1170) das Handwerk, vor allem die Textilherstellung, mechanisiert. Die Industrialisierung ließ Chemnitz im 19. Jh. zum „Sächsischen Manchester" werden.

SEHENSWERT
An die große Vergangenheit erinnern Bauten wie das im 15. Jh. errichtete **Rathaus** und der **Rote Turm** aus dem 12./13. Jh. Bemerkenswert ist auch das 1913 erbaute Kaufhaus in der

---

Moritzstraße, heute als **DAStietz** kultureller Fokus; in seinem Lichthof sind Stämme eines 290 Mio. Jahre alten versteinerten Waldes arrangiert. Die idyllischen Schlossteichanlagen aus dem 15. Jh. leiten nach Norden zum **Schlossberg** über, an dessen Fuß sich ein malerisches Ensemble historischer Fachwerkhäuser schmiegt. In der gotischen Schlosskirche gelten eine Geißelsäule von 1515 und das Astwerkportal aus gleicher Zeit als außergewöhnliche Kunstwerke (April–Okt. Sa. und So. 14.30–17.30 Uhr).

MUSEEN
Smac, das **Staatliche Museum für Archäologie** im ehemaligen Kaufhaus Schocken, zeigt Sachsens Entwicklung bis zur Industrialisierung (Stefan-Heym-Platz 1, www.smac.sachsen.de; Di.–So. 10.00–18.00, Do. 10.00–20.00 Uhr). Im **Schlossbergmuseum** ist eine exquisite Sammlung gotischer Skulpturen in den Räumen des ehem. Klosters ausgestellt (Schlossberg 12, www.kunstsammlungen-chemnitz.de; Di.–So. 11.00–18.00 Uhr). Werke führender Maler des Expressionismus wie Otto Dix, Max Beckmann und Ludwig Kirchner haben im **Museum Gunzenhauser** eine Heimat gefunden (Stollberger Straße 2, www.kunstsammlungen-chemnitz.de; Di.–So. 11.00–18.00 Uhr). Die von Henry van der Velde entworfene **Villa Esche** – der Künstler gestaltete auch die Inneneinrichtung – ist heute **Jugendstilmuseum** (Parkstraße 58, www.kunstsammlungen-chemnitz.de; Mi. und Fr.–So. 10.00–18.00 Uhr). Das **Sächsische Industriemuseum** dokumentiert die industrielle Entwicklung mit vielerlei Exponaten (Zwickauer Straße 119, https://web.saechsisches-industriemuseum.com; Di.–Fr. 9.00 bis 17.00, Sa. und So. 10.00–17.00 Uhr).

HOTEL UND RESTAURANTS
Das ruhig gelegene € € **Penta Hotel** bietet moderne Komfortzimmer und ein üppiges Frühstück (Salzstraße 56, 09113 Chemnitz, Tel. 0371 33 41 0, www.pentahotels.com).
Die € € **Villa Esche** präsentiert feine sächsische und internationale Küche mit jugendlichem Schwung (Parkstraße 58, Tel. 0371 236 13 63, www.restaurant-villaesche.de). Auch das € € **Kellerhaus**, bietet hervorragende sächsische Küche (Schlossberg 2, Tel. 0371 335 16 77, www.kellerhaus-chemnitz.de).

UMGEBUNG
Schloss Augustusburg, (20 km östl.), im 16. Jh. als Jagdschloss für August den Starken erbaut, öffnet dem Besucher die Räume des Kurfürsten mit Waffensammlung, historischer Kleidung, Möbeln und dem illusionistisch ausgemalten Venussaal. Motorradliebhaber kommen an der Besichtigung des Motorradmuseums in den Wirtschaftsgebäuden nicht vorbei (Augustusburg, www.die-sehenswerten-drei.de; April bis Okt. tgl. 9.30–18.00, sonst tgl. 10.00–17.00 Uhr).

INFORMATION
Tourist-Information, Markt 1, 09111 Chemnitz, Tel. 0371 69 06 80, www.chemnitz-tourismus.de

ÜBER STOCK UND HOHEN STEIN

Die dreistündige, familienfreundliche Wanderung führt auf tschechisches Staatsgebiet, wo der Hohe Stein (Vysoky Kamen) von seiner felsigen Aussichtskanzel einen fantastischen Rundumblick gewährt.

Ausgangspunkt ist der Parkplatz des Freilichtmuseums Eubabrunn, ab dem man der gelben (Erlbacher Rundweg) bzw. der grünen Markierung (Hoher Stein) folgt. Die ersten 45 Minuten geht es durch Wald bis zur Grenzmarkierung steil bergauf. Auf einem Forstweg sind es dann noch 15 Minuten zur markanten Felskanzel des Vysoky Kamen (773 m) aus Quarzitgestein mit schieferähnlicher Struktur. Hinaufgeklettert reicht der Blick südwestlich bis zum Fichtelgebirge mit dem Großen Kornberg, dem Ochsenkopf und dem Schneeberg und zu dem nach Westen steil abfallenden Kaiserwald.

Zurück an der Grenze und ihr auf dem Erlbacher Rundweg folgend, wandert man nach dem im Wald liegenden Moritzberg steil bergab zum sumpfigen Wirtsgrund und auf einem Bohlenweg über ihn weg. Dann geht es wieder steil bergauf zum Hinteren Kegelberg (765 m) mit der Bergstation des Skilifts und erneut bergab in den Ort Landesgemeinde, der wie Erlbach zur Stadt

Am Aussichtsfelsen Hoher Stein im deutsch-tschechischen Grenzgebiet

Markneukirchen gehört, hinein. Hier setzen wir die Tour auf der Landstraße in Richtung Erlbach fort und erreichen schließlich wieder den Ausgangspunkt mit dem Vogtländischen Freilichtmuseum Eubabrunn, das drei original eingerichtete landwirtschaftliche Höfe mit entsprechenden Nebengebäuden und Hausgärten zeigt.

Länge: 10,5 km, Auf-/Abstieg jeweils 318 m
Dauer: 3 Std., keine Einkehrmöglichkeit
Information: www.outdooractive.com/de/wanderung/vogtland/ueber-hohen-stein-und-kegelberg/13129739
Vogtländisches Freilichtmuseum: https://freilichtmuseum-vogtland.de

Zweimal Blick vom Turm der Frauenkirche: Fahrradmobile warten auf Gäste und die Dresdner Kunstakademie

HILFREICH & NÜTZLICH

Keine Reise ohne Planung. Auf den folgenden Seiten sind Wissenswertes und nützliche Informationen für einen angenehmen Aufenthalt in Sachsen zusammengestellt.

Anreise

Für **Autofahrer** erschließt sich Sachsen über die Autobahnen A 14 (Wismar–Leipzig–Dresden), A 4 (Aachen/Köln–Dresden–Görlitz), A 13 (Berlin–Dresden) und die A 17 von Dresden nach Prag.
Mit der **Bahn** sind Leipzig und Dresden mit ICE-, viele weitere Städte mit EC-/IC-Zügen erreichbar (www.bahn.de).
Fernbusse sind mittlerweile von vielen deutschen Städten zu günstigen Tarifen in die sächsischen Metropolen Dresden, Leipzig und Chemnitz unterwegs (www.flixbus.de).
Flüge gibt es nach Leipzig-Halle und Dresden (www.lufthansa.com, www.swiss.com).

Auskunft

Tourismus Marketing Sachsen, Bautzener Straße 47, 01099 Dresden, Tel. 0351 49 17 00, www.sachsen-tourismus.de
Tourismusverband Erzgebirge, Adam-Ries-Straße 16, 09456 Annaberg-Buchholz, Tel. 03733 18 80 00, www.erzgebirge-tourismus.de
Tourismusverband Sächsische Schweiz, Bahnhofstraße 21, 01796 Pirna, Tel. 03501 47 01 47, www.saechsische-schweiz.de
Tourismusverband Vogtland, Göltzschtalstraße 16, 08209 Auerbach, Tel. 03744 18 88 60, www.vogtlandtourist.de

Essen und Trinken

Wer sich an die **traditionelle sächsische Küche** hält, kann Deftiges und Gehaltvolles erwarten. Zu den beliebten Spezialitäten zählen Kartoffelsuppe, Saure Flecke (Kuttelsuppe), Rouladen, Sauerbraten, Biergulasch, Grütz- und Leberwurst und verschiedene Arten von Schweinesteaks. Auch Wild wird gerne serviert. Als Fisch kommen meistens Karpfen oder Forelle auf den Tisch. Zu Braten werden gerne Rotkraut und Klöße gereicht, die es in vielen Varianten gibt, im Erzgebirge und im Dresdener Raum beispielsweise als Wickelklöße, mit Semmelbrösel gefüllte Kartoffelklöße. Ein bunter Gemüseeintopf, verfeinert mit Spargel und Krebsfleisch, ist das feine Leipziger Allerlei. Ein **traditionelles Weihnachtsessen** aus dem Erzgebirge ist das Neinerlaa (Neunerlei), über dessen korrekte Zusammensetzung jeder Koch seine eigene Meinung hat. Es könnte beispielsweise aus Linsensuppe, Bratwurst, Herings- und Selleriesalat, Kartoffeln, Sauerkraut, Schweine- oder Kasslerbraten, Kartoffelsalat sowie pürierter Blut- und Leberwurst bestehen; manche servieren zudem auch einen Gänsebraten. Die **Sorbische Hochzeitssuppe** ist ebenfalls ein traditioneller Klassiker mit vielen verschiedenen Rezepten. Auf jeden Fall gehören Fleisch (Huhn, Hohe Rippe), Gemüse, Eier und Leberklößchen hinein. Reich ist die Auswahl an **Kuchen und Süßspeisen** wie Dresdner Eierschecke, Leipziger Lerchen, Quarkkeulchen, Pfefferkuchen und der berühmte Dresdner Stollen.
Biertrinker können sich in Sachsen auf Pilsener von den Hausbrauereien Radeberger, Wernesgrüner oder Freiberger freuen. Es lohnt sich aber auch, Biere von Mikro-Brauereien zu verkosten; vor allem aromatische Schwarzbiere sind darunter. Nicht zu vergessen der feine Meißener **Wein,** der heute vom Sächsischen Staatsweingut Wackerbarth und zahlreichen Privatwinzern kommt.

Feste

Brauchtum wird besonders in der Oberlausitz und im Erzgebirge bewahrt. Die wichtigsten sorbischen Volksfeste kreisen um das Frühlingserwachen und das Osterfest: Zur **Vogelhochzeit** am 25. Jan. stellen Kinder am Vorabend Teller vor die Fenster, in denen dann am nächsten Morgen süße Gaben in Vogelform liegen. In vielen Gemeinden ziehen Kinder als Vögel oder als Hochzeiter verkleidet durch den Ort. Am Ostersonntag sind die Männer eines Ortes auf festlich geschmückten Pferden und mit Frack und Zylinder bekleidet als **Osterreiter** unterwegs, um der Nachbargemeinde die frohe Botschaft der Auferstehung zu überbringen. Im Erzgebirge ist der Dez. der Monat der **Bergparaden**, bei denen die Männer in Bergmannstracht durch die Orte paradieren. Auch für romantische **Advents- und Weihnachtsmärkte** ist das Erzgebirge berühmt.

Freizeitparks

Sachsens größter Freizeitpark ist **Belantis** bei Leipzig (www.belantis.de). Das Erzgebirge im Kleinen begeistert im **Miniaturpark Oederan** westlich von Freiberg (www.klein-erzgebirge.de). Der **Saurierpark** bei Bautzen entführt mit 200 Riesenechsen in die Urzeit der Erde (www.saurierpark.de). Oder man irrt nordwestlich von Bautzen in Kleinwelka durch Deutschlands größten **Heckenirrgarten** (www.irrgarten-kleinwelka.de).

RESIDENZ MIT WELTGESCHICHTE
SCHLOSS HARTENFELS TORGAU

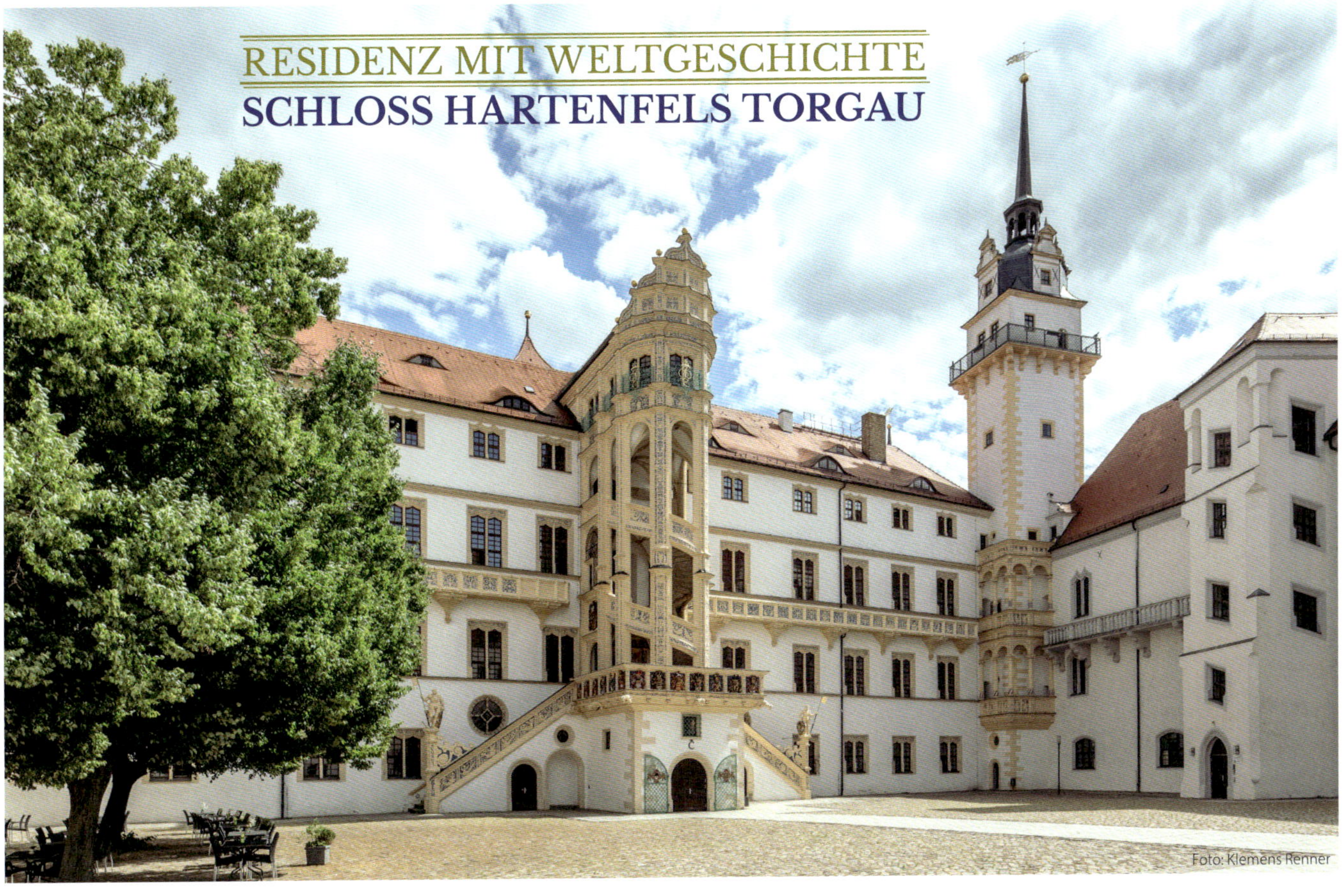

Foto: Klemens Renner

Errichtet auf den Grundmauern einer mittelalterlichen Burganlage, avancierte die ernestinische Residenz unter Kurfürst Johann Friedrich dem Großmütigen im 16. Jahrhundert zu einer der modernsten und imposantesten Schlossanlagen Europas und zum politischen Zentrum der lutherischen Reformation.

Im Zuge umfangreicher Baumaßnahmen errichtete der Baumeister Konrad Krebs in den Jahren 1533 bis 1536 den Saalbau mit dem einzigartigen Großen Wendelstein. Bekrönt wird der Treppenturm durch die Spiegelstube, in der noch heute originale Wandmalereien der Wittenberger Cranach-Werkstatt sichtbar sind. Danach ließ Johann Friedrich die Kurfürstlichen Gemächer und die Schlosskapelle bauen, die von Martin Luther 1544 persönlich eingeweiht wurde. Sie gilt als erster protestantischer Kirchenneubau weltweit und wurde beispielgebend für zahlreiche europäische Sakralbauten.

Nach der Schlacht bei Mühlberg 1547 ging die Kurwürde auf die in Dresden residierenden Albertiner über. Das Torgauer Schloss wurde wegen seiner Größe und Ausstattung weiterhin für Hochzeitsfeste und Landtage genutzt. Im Jahr 1627 wurde die erste deutschsprachige Oper „Daphne" nach einer Komposition von Heinrich Schütz und mit einem Text von Martin Opitz hier uraufgeführt. Zar Peter I. weilte 1711 anlässlich der Hochzeit seines Sohnes in Torgau.

Im Laufe des 18. Jahrhunderts hinterließen Plünderungen und Umnutzungen tiefe Spuren an der Bausubstanz. Auf Betreiben Napoleons wurde Torgau von 1811 bis 1813 Teil der Sächsisch-Napoleonischen Festung und nach 1815 bis 1905 als preußische Kaserne genutzt.

1945 trafen sich unweit von Torgau die Alliierten. Das nachgestellte Bild des Handschlages russischer und amerikanischer Soldaten auf der Brücke vor Schloss Hartenfels gilt noch heute als Symbol für die Beendigung des 2. Weltkrieges.

AUSSTELLUNGEN

STANDFEST. BIBELFEST. TRINKFEST.
Multimedialer Rundgang durch die Kurfürstlichen Gemächer
Di-So 10-18 Uhr (März-Okt.), Di-So 10-16 Uhr (Nov.-Feb.)

Torgau. Residenz der Renaissance und der Reformation
Wertvolle Exponate der Staatlichen Kunstsammlungen Dresden
Di-So 10-18 Uhr (März-Okt.), Di-So 10-16 Uhr (Nov.-Feb.)

Steinerne Zeugen
Bildhauerkunst des 16. Jahrhunderts, präsentiert im Lapidarium
Di-So 10-17 Uhr (März-Okt., Nov.-Feb. geschlossen)

Spuren des Unrechts
Ausstellung des DIZ Torgau / Sächsische Gedenkstätten
Mo-So 10-18 Uhr

WEITERE HIGHLIGHTS
• Traditionsreicher Bärengraben mit drei Braunbären
• Grandiose Aussicht vom Hausmannsturm über die Schlossanlage, die Stadt Torgau und die weite Elblandschaft
• Lauschige Plätzchen im Rosengarten und im Schlosscafé

www.schloss-hartenfels.de

Eine märchenhafte Kulisse bot 1971 der Große Wendelstein für den DEFA-Film „Dornröschen".

Nach 1990 wurde Schloss Hartenfels umfangreich restauriert und beherbergt heute neben dem Verwaltungssitz des Landkreises Nordsachsen zahlreiche Ausstellungen, die einen lebendigen Einblick in die Geschichte des Schlosses geben.

In Kooperation mit

Bäckermeister Dirk Zieger mit „Meissner Fummeln". Einer Legende nach ließ August der Starke das hauchdünne süße Feingebäck aus Nudelteig anfertigen. Im Inneren ist nur Luft – der hauchdünn ausgerollte Teig wird mit Eigelb bestrichen, zusammengelegt und – leicht aufgeblasen – gebacken.

Museumseisenbahnen

Von den Königlich-Sächsischen Schmalspurbahnen sind noch fünf Züge auf 100 Schienenkilometern unter Dampf – nur die **Döllnitzbahn** von Oschatz nach Mügeln südlich von Leipzig fährt als Dieselzug und nur an Wochenenden mit Dampf (www.doellnitzbahn.de). Die **Fichtelbergbahn** fährt tgl. von Cranzahl nach Oberwiesenthal (www.fichtelbergbahn.de), die **Lößnitzgrundbahn** von Radebeul über Moritzburg nach Radeburg (www.loessnitzgrundbahn.de), die **Weißeritztalbahn** von Freital nach Dippoldiswalde (www.weisseritztalbahn.de) und die **Zittauer Schmalspurbahn** von Zittau ins Zittauer Gebirge zum Kurort Oybin (www.zittauer-schmalspurbahn.de). Infos auch unter www.dampfbahn-route.de.

Reisezeit

Wer im Hochsommer unterwegs ist, findet in den vielen Seen und Flüssen Erfrischung. Auch der Winter eignet sich gut – u.a. für jede Art von Wintersport. Allerdings macht sich dann das kontinentalere Klima im Osten Deutschlands deutlich bemerkbar; häufig weht ein wirklich eisiger Ostwind.

Restaurants

Preiskategorien

€ € €	Hauptspeisen	über 20 €
€ €	Hauptspeisen	12–20 €
€	Hauptspeisen	bis 12 €

Restaurantempfehlungen finden sich auf den jeweiligen Info-Seiten.

Schifffahrten

Die Weiße Flotte der **Elbschiffe** bietet sich für Schiffsfahrten durch Dresden und das Elbsandsteingebirge an (www.saechsische-dampfschiffahrt.de). Von Jocketa aus brechen Passagierschiffe zu Rundfahrten auf der **Talsperre Pöhl** auf (www.talsperre-poehl.de). Im Leipziger Neuseenland befahren Passagierschiffe den **Markkleeberger** und den **Störmthaler See** (www.personenschifffahrt-leipzig.de).

Souvenirs

Zu den schönsten und kostspieligsten Souvenirs zählt das kunstvoll gedrechselte **Holzspielzeug** bzw. der **Weihnachts- und Osterschmuck** wie Schwibbögen und Pyramiden aus dem Erzgebirge. Modern interpretierte Figuren kommen von Wendt & Kühn, dessen Erlebniswelt in Grünhainichen auf jeden Fall einen Besuch wert ist (www.wendt-kuehn.de). Die berühmten **Weihnachtssterne** mit 25 Zacken kommen aus Herrnhut (www.herrnhuter-sterne.de) und werden dort nach wie vor in Handarbeit hergestellt. Aus **Plauener Spitze** wird im Vogtland Kleidung und Tischwäsche in traditionellem Design und in modernen Mustern gefertigt (z.B. www.plauenerspitze-modern.de). Der Musikwinkel um Markneukirchen und Klingenthal schickt seine berühmten **Musikinstrumente** in die ganze Welt (www.erlebniswelt-musikinstrumentenbau.de). **Porzellan** aus der Manufaktur Meissen hat seinen Preis und ist eine Anschaffung fürs Leben (www.meissen.com). Ähnlich kostspielig sind die (meisten) **Uhren** aus der Uhrmacherstadt Glashütte, beispielsweise die des Traditionsherstellers Glashütte Original (www.glashuette-original.de).

Sport

Wandern: Wer gerne wandert, ist sowohl im Vogtland und Erzgebirge als auch in der Sächsischen Schweiz goldrichtig. Die Wege sind gut

Info

Geschichte

1400–400 v. Chr. Bronzezeitliche Siedlungen der Lausitzer Kultur.
5. Jh. Beginn der Ausbreitung der westgermanischen Sachsen nach Osten.
6.–8. Jh. Zuwanderung von Slawen.
8./9. Jh. Karl der Große gliedert Slawen und Sachsen ins Frankenreich ein. Christianisierung.
1168 Im Erzgebirge beginnt der Silberbergbau.
1409 Gründung der Universität Leipzig.
1423 Meißen und Thüringen werden zum Kurfürstentum Sachsen zusammengefasst.
1517 Beginn der Reformation. 1539 sind beide Teile Sachsens protestantisch.
1618–1648 Im Dreißigjährigen Krieg schwere Plünderungen und Zerstörungen.
1694 August der Starke (1670–1733) wird Kurfürst von Sachsen und 1697 König von Polen.
1706 In Meißen wird das Geheimnis der Porzellanherstellung entdeckt.
1723 Johann Sebastian Bach wird als Kantor an die Thomaskirche in Leipzig berufen.
1806 Sachsen steht an der Seite Napoleons und wird dafür mit der Königswürde belohnt.
1813 Bei der Völkerschlacht vor den Toren Leipzigs sterben 84 000 Menschen; Sachsens König gerät in preußische Gefangenschaft.
1814/1815 Sachsen verliert auf dem Wiener Kongress drei Fünftel seines Territoriums und schrumpft auf seine heutige Größe.
1920 Sachsen erklärt sich zum Freistaat.
1945 Im Febr. wird Dresden durch alliierte Bombenangriffe fast vollständig zerstört.
1949 Gründung der DDR am 7. Okt.
1989/1990 Friedensdemonstranten und Ausreisewillige erzwingen in zahlreichen DDR-Städten das Ende des SED-Regimes; Sachsen wird Bundesland der BRD (Freistaat Sachsen) mit Dresden als Hauptstadt.
2002 Jahrhunderthochwasser u.a. in Dresden.
2014 Beginn der montäglichen Pegida-Protestmärsche in Dresden.
2019 Beim Juwelendiebstahl am 25. November werden Kunstobjekte und Juwelen aus dem Historischen Grünen Gewölbe des Residenzschlosses Dresden geraubt. Ende 2020 werden mehrere Tatverdächtige festgenommen.
2021 Das von Covid-19 schwer getroffene Vogtland erhält als erste Region Deutschlands Impfstoff für alle.

DAMPFBAHN-ROUTE Sachsen

Foto (Fichtelbergbahn): Sven Oettel

SACHSEN Diese Maßnahme wird mitfinanziert durch Steuermittel auf der Grundlage des von den Abgeordneten des Sächsischen Landtags beschlossenen Haushaltes.

Zeitreisen auf Schienen

Vor über 180 Jahren brach mit der Eröffnung der ersten deutschen Ferneisenbahn zwischen Leipzig und Dresden das Eisenbahnzeitalter an. Das dichte sächsische Bahnnetz umfasste ab 1881 auch zahlreiche Schmalspurbahnen mit einer Spurweite von 750 Millimetern. Für den Gütertransport wurden diese längst entbehrlich, doch für Freunde historischer Bahnen ist Sachsen dennoch nach wie vor ein Mekka, denn die landschaftlich reizvollsten Strecken haben bis heute überlebt und laden zu einer Zeitreise auf Schienen ein. Fünf Schmalspurbahnen sind täglich auf fast 100 Kilometern unterwegs. Zu jeder Jahreszeit fahren sie durch die schönsten Ecken des Freistaats und sind gemeinsam mit weiteren dampfbetriebenen Museumsbahnen, zahlreichen Museen, Denkmalen und Sachzeugen einzigartige Kleinode. Damit nicht genug: Auch die älteste und größte noch in Betrieb stehende Schaufelraddampferflotte der Welt und sehenswerte Bergbahnen laden zu Entdeckungen ein. In der Landeshauptstadt Dresden wartet das Verkehrsmuseum mit einer spannenden Reise durch die Geschichte der Mobilität auf.

Foto (hist. I K-Zug bei Friedrichsbahn): Christian Sacher

Urlaubserlebnisse für die ganze Familie

Die DAMPFBAHN-ROUTE Sachsen verbindet Bahnen mit genussvoller Gastronomie, Übernachtungsmöglichkeiten mit Ambiente und kulturellen Höhepunkten. Viele Partner der DAMPFBAHN-ROUTE Sachsen bieten buchbare Tagesangebote, die von „Burg- und Klosterzügen" auf der Zittauer Schmalspurbahn bis hin zu „Braumeisters Dampfzug" auf der Weißeritztalbahn reichen. Alle, die länger im Dampfbahnland Sachsen verweilen wollen, können bei verschiedenen Partnerhäusern Paketangebote buchen, die Übernachtungen und Dampfbahnerlebnisse verbinden. Infos zu Bahnerlebnissen, Partnern und Veranstaltungen:

www.dampfbahn-route.de

Foto (Zittauer Schmalspurbahn): Michael Sperl

Kontakt:
SOEG mbH – Projekt DAMPFBAHN-ROUTE
Am Alten Güterboden 4 • 01445 Radebeul
Telefon: 0351 2134440, E-Mail:info@dampfbahn-route.de
Internet: www.dampfbahn-route.de, www.facebook.com/dbrsachsen

Traditionsreiche Sorbentracht und kreativ gestaltete Vergangenheit beim Leipziger Wave-Gotik-Treffen. Die Lößnitzgrundbahn, auch „Lößnitzdackel" genannt.

markiert. Die schönsten Wanderungen auf www.sachsen-tourismus.de.

Klettern: Die Sächsische Schweiz ist ein Dorado für Freeclimber mit Routen aller Schwierigkeitsgrade. Tipps dazu gibt es auf www.saechsische-schweiz.de.

Wassersport: Wassersportler können sich an mehreren Talsperren und im Leipziger Neuseenland bei allerlei Wassersportarten austoben (www.sachsen-tourismus.de). Kanuwanderer finden schöne Abschnitte auf der Elbe, der Zwickauer Mulde und der Weißen Elster.

Wintersport: Zentren sind Klingenthal und Oberwiesenthal, wo sowohl Skifahren, Snowboarden, Snowkiten als auch Langlaufen praktiziert werden.

Golf: Anhänger des Golfsports können in Sachsen auf 13 Plätzen einputten (www.golf verband-sachsen-und-thueringen.de).

Radfahren: Vogtland, Mittelsächsisches Hügelland und die Leipziger Tieflandsbucht sind ideale Reviere für Genussradler. Viele der weitgehend flach verlaufenden Radwege führen entlang der Flüsse wie etwa der Elbe, Neiße, Spree oder der Mulde oder durch das Leipziger Neuseenland. Auf www.sachsen-tourismus.de sind schöne Radtouren mit detaillierten Beschreibungen und weiterführenden Links zusammengestellt. Einen Radverleih findet man in den meisten größeren Orten. Eine Herausforderung auch für trainierte Mountainbiker stellt das Erzgebirge dar – nicht nur wegen des anspruchsvollen Stoneman Miriquidi. Tourenvorschläge auch auf www.sachsen-tourismus.de. Anlaufpunkt für MTB-Fans ist im Erzgebirge u. a. das Trailcenter Rabenberg (08359 Breitenbrunn, Tel. 037756 17 10, www.trailcenter-rabenberg.de).

Info

Daten & Fakten

Geografische Lage: Das 18 419 km² große Sachsen liegt im Südosten Deutschlands und grenzt an Bayern, Thüringen, Sachsen-Anhalt und Brandenburg. Staatsgrenzen besitzt Sachsen zu Polen und Tschechien.

Naturraum: Von Nord nach Süd prägen Flachland (Leipziger Tieflandsbucht, Oberlausitz), das südlich anschließende Sächsische Hügelland und Mittelgebirge von Elstergebirge (Vogtland) über Erzgebirge bis hin zum Elbsandsteingebirge die Landesnatur. Wichtigste Flüsse sind Elbe, Mulde und Weiße Elster. Höchster Berg ist mit 1215 m der Fichtelberg bei Oberwiesenthal.

Politische Gliederung: Landeshauptstadt ist Dresden. Die drei Regierungsbezirke

Dresden, Leipzig und Chemnitz bestehen aus den genannten kreisfreien Städten sowie zehn Landkreisen.

Bevölkerung: Mit etwa 4,05 Mio. Einw. hat der Freistaat eine Bevölkerungsdichte von 220 Einw./km². 20,9 % der Einwohner sind evangelischen, 3,7 % katholischen Glaubens. Die rund 60 000 Mitglieder umfassende sorbische Volksgruppe genießt Minderheitenschutz. Größte Städte: Leipzig (588 000 Einw.), Dresden (555 000 Einw.).

Wirtschaft: Rund 30 % der Beschäftigten arbeiten im produzierenden Gewerbe, 68,5 % in der Dienstleistung und lediglich noch 1,5 % in der Forst- und Landwirtschaft. Die Arbeitslosenquote liegt bei 8,5 %.

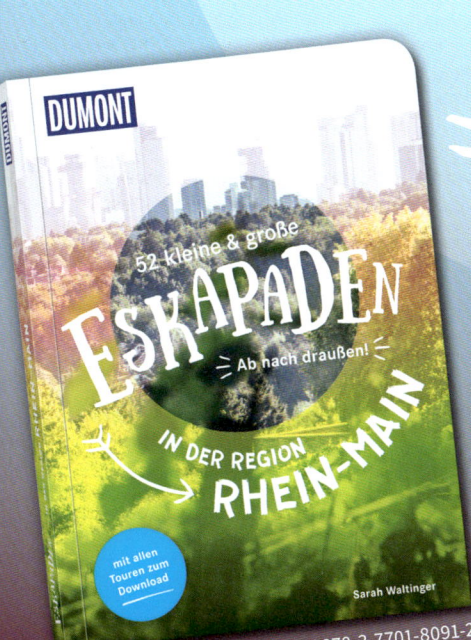

REGISTER

Impressum

2. Auflage 2021
© DuMont Reiseverlag, Ostfildern

Verlag: DuMont Reiseverlag, Postfach 3151, 73751 Ostfildern, Tel. 0711/45 02-0, Fax 0711/4502-135, www.dumontreise.de
Geschäftsführer: Dr. Stephanie Mair-Huydts, Markus Schneider
Programmleitung: Birgit Borowski
Redaktion: Achim Bourmer
Text: Daniela Schetar-Köthe und Friedrich Köthe, München
Exklusiv-Fotografie: Peter Hirth, Leipzig
Titelbild: lookphotos / age stock (Mönch, Sächsische Schweiz)
Zusätzliches Bildmaterial: Neiße-Tours/Joachim Rehle S. 71; 6 Fotos von picture-alliance: Arno Burgi S. 124 l., Peter Endig S. 125 u.l., Jürgen Held S. 125 o.l., W. Layer S. 124 r., Wolfgang Thieme S. 125 u.r., Jens Trenkler S. 125 o.r.
Grafische Konzeption, Art Direktion: fpm factor product münchen
Cover Gestaltung, Layout: CYCLUS · Visuelle Kommunikation, Stuttgart
Kartografie: © MAIRDUMONT GmbH & Co. KG, Ostfildern Kartografie Lawall (Karten für „Unsere Favoriten")
DuMont Bildarchiv: Marco-Polo-Straße 1, 73760 Ostfildern, Tel. 0711/4502-0, bildarchiv@mairdumont.com

Für die Richtigkeit der in diesem DuMont Bildatlas angegebenen Daten – Adressen, Öffnungszeiten, Telefonnummern usw. – kann der Verlag keine Garantie übernehmen. Nachdruck, auch auszugsweise, nur mit vorheriger Genehmigung des Verlages. Erscheinungsweise: jeden zweiten Monat.

Anzeigenvermarktung: MAIRDUMONT MEDIA, Tel. 0711 450 2-0, Fax 0711 45 02 10 12, media@mairdumont.com, http://media.mairdumont.com
Vertrieb Zeitschriftenhandel: PARTNER Medienservices GmbH, Postfach 810420, 70521 Stuttgart, Tel. 0711 72 52-212, Fax 0711 72 52-320
Vertrieb Abonnement: Leserservice DuMont Bildatlas, Zenit Pressevertrieb GmbH, Postfach 810640, 70523 Stuttgart, Tel. 0711 7252-265, Fax 0711 7252-333, dumontreise@zenit-presse.de
Vertrieb Buchhandel und Einzelhefte: MAIRDUMONT GmbH & Co. KG, Marco-Polo-Straße 1, 73760 Ostfildern, Tel. 0711 45 02 0, Fax 0711 45 02 340
Reproduktionen: PPP Pre Print Partner GmbH & Co. KG, Köln
Druck und buchbinderische Verarbeitung: NEEF + STUMME GmbH, Wittingen
Printed in Germany

FSC
www.fsc.org
MIX
Papier aus verantwortungsvollen Quellen
FSC® C001857

Perfekte **Begleiter** für jede **Reise**

ICH WILL DAS GANZE BILD

DUMONT REISE-TASCHENBUCH

Richtig eintauchen ins Reiseziel:
mit Touren, Lieblingsorten
und vielen Hintergründen.

MITTEN IM GESCHEHEN

DUMONT DIREKT

15-mal intensiv erleben und
neue Perspektiven entdecken.

RAUS AUS DEM ALLTAG

DUMONT ESKAPADEN

52 kleine & große **Ausflüge** und **Mini-Urlaube** in
den beliebtesten Regionen und Städten Deutschlands.

ZUM INTENSIVTOUREN

DUMONT REISE-HANDBUCH

Weggefährte für
individuelles Reisen.
Entdeckungsreisen zu
Alltag, Kultur, Natur.

ZUM WEGTRÄUMEN

DUMONT BILDATLAS

Inspiration, herausragende Fotografie und
aktuelle Themen im **Magazin-Format.**

DuMont Reiseverlag www.dumontreise.de

Urlaub erinnern ...

Kamelientriebe, Königinnenschmuck, eine
Weihnachtskrippe in der Zündholzschachtel!
Sachsen hat ganz besondere Mitbringsel zu bieten.

GIRL'S BEST FRIENDS

Ein roter Ring oder ein grüner? Oder eine Brosche?
Ohrringe? Den Schmuck der Königinnen sammelten
Sachsens Herrscher für ihr Grünes Gewölbe – natürlich im Original. Ich habe mir im Museumsshop die
Kette geleistet mit 177 sächsischen Flussperlen; leider nur eine Replik, trotzdem edel und schön. Und
meinem Mann habe ich die Krone Augusts des Starken mitgenommen, aber nur als Miniatur, damit er
nicht über die Stränge schlägt.

KAMELIEN FÜR DIE DAME

Neun Meter sollte er nun
nicht in die Höhe wachsen,
der Ableger der Kamelie aus
dem Pillnitzer Schlosspark,
wenn Sie ihn denn in ihrem
Wohnzimmer pflegen. Aber
keine Angst, in Pillnitz dauerte es auch über 200 Jahre
bis zur heutigen Pracht.
Erwerben dürfen Sie den
Trieb zwischen Februar und
April und nur vor Ort.

HEILIGES GRAB

Tief beeindruckt hat mich in
Görlitz das Heilige Grab (Foto
S. 121 o.r.), die originalgetreue
Nachbildung des Heiligen Grabes
von Jerusalem (S. 70), mit dem
Kreuzweg und dem Ölberggar-
ten. Die Führung durch die Hei-
lig-Grab-Anlage mit der Doppel-
kapelle zum Heiligen Kreuz, dem
Salbhaus und der Grabkapelle
war einfach phänomenal! Wie
schön, dass ich das zu Hause
nochmals virtuell Revue passie-
ren lassen kann: http://www.ev
kulturstiftunggr.de/#hlgrab

UM DIE WURST

Jeder sächsische Metzger
scheint für sich das einzig
wahre Knacker-Rezept zu
reklamieren. Gut schmecken
tun sie aber letztlich überall. Wichtig ist die rechte
Menge Kümmel in der
Wurst. Und wenn man dann
noch Bautzener Senf in einem Senfbecher aus Pusch-
witz auf den Tisch stellt,
ist man ratzfatz zurück im
Land der Wettiner.

SCHWARZ UND HEISS

Die Sachsen waren, sind und werden es immer sein: Kaffeetrinker. Mit
dem köstlichen Gebräu habe ich mich nirgends schöner auseinander-
gesetzt als im Lausitzer Spree-Museumshof. Im Museum habe ich alles
über Kaffee erfahren, ihn im Café genossen und in der Rösterei für Zuhause mitgenommen.

EWIGE FREUNDSCHAFT

Drallewatsch (Foto u.l.) gibt's nur in Leipzig und ist geographische Bezeichnung für die Straßen rund um das Barfußgässchen, aber auch für erlebnishungriges „um die Häuser ziehen". Hier kommt man sich näher und wird dabei auch die eine oder andere Freundschaft knüpfen, die nicht mit dem Urlaub endet.

»GÖRLITZ IST DAS PARIS AN DER NEISSE.«

Die Zeit

SEILTANZ

Ohne Abgas, ohne Lärm, nur gurgelndes Wasser und sanftes Gleiten: Die Gierseilfähre bei Rathen über die Elbe erinnert mich im Rückblick immer wieder, wie Reisen früher war – gemächlich und im Einklang mit der Landschaft. Am langen Seil pendelt die Fähre von einem Ufer zum anderen, getrieben von der Kraft des Wassers und gesteuert vom Fährmann am Ruder.

GRENZERFAHRUNG

Die Lausitzer Neiße trennte über Jahrzehnte nicht nur Polen und Deutschland, sondern auch eine Landschaft die einst zusammengehörte, den Englischen Schlossgarten des Fürsten Pückler-Muskau. Heute paddeln Sie mit dem Schlauchboot auf der Neiße nicht mehr zwischen zwei Ländern sondern mitten in Europa, eine Idee, die immer wieder Kraft schöpfen lässt.

VOGELSCHUTZ

Lerchen waren den Leipzigern ein Leibgericht. Alljährlich zogen sie in die Auwälder, töteten Hunderttausende, brieten sie oder machten Pasteten daraus. König Albert verbot das Morden 1876 und die Leipziger machten aus der Not eine Tugend, kreierten ein haltbares Gebäckstück – die Leipziger Lerche: Meine Freunde Zuhause lieben das Makronentörtchen voller Marzipan und Marmelade.

WESTENTASCHENWEIHNACHT

Wenn mal wieder die Stille Zeit näher rückt und alle auf die Weihnachtsmärkte strömen, dann hole ich nur die Zündholzschachtel aus dem erzgebirgischen Seiffen hervor, schiebe sie auf und freue mich an der winzigen Krippe in ihr: Klein und fein und völlig ausreichend.

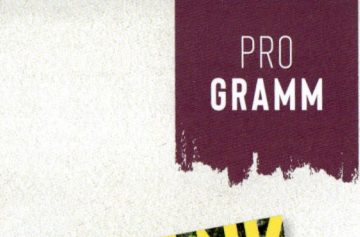

FRANKREICH SÜDWESTEN OKZITANIEN

Eine faszinierende Vielfalt zeichnet die südfranzösische Region zwischen der Rhone und der Grenze zu Spanien aus mit nahezu unberührten Landschaften wie den Cevennen und tollen Städten wie Toulouse und Montpellier.

Die schönsten Bastiden
Kennen Sie Aigues-Mortes, Mirepoix oder Najac? Nein? Müssen Sie kennenlernen. Es sind mittelalterliche Städtchen von unglaublichem Reiz.

www.dumontreise.de

NORDSEEKÜSTE SCHLESWIG-HOLSTEIN

Platt ist das Land
In Dithmarschen, auf der Eiderstedter Halbinsel, in Nordfriesland, auf Sylt, Amrum und Föhr, auf Pellworm, Nordstrand und natürlich auf den Halligen.

Genussmomente am Meer
Ein kaltes Bier mit den Füßen im warmen Sand, deftiger Pannfisch in den Dünen, ein Cocktail zum Sunset am Kliff – die schönsten Locations für Genussmomente.

LIEFERBARE AUSGABEN